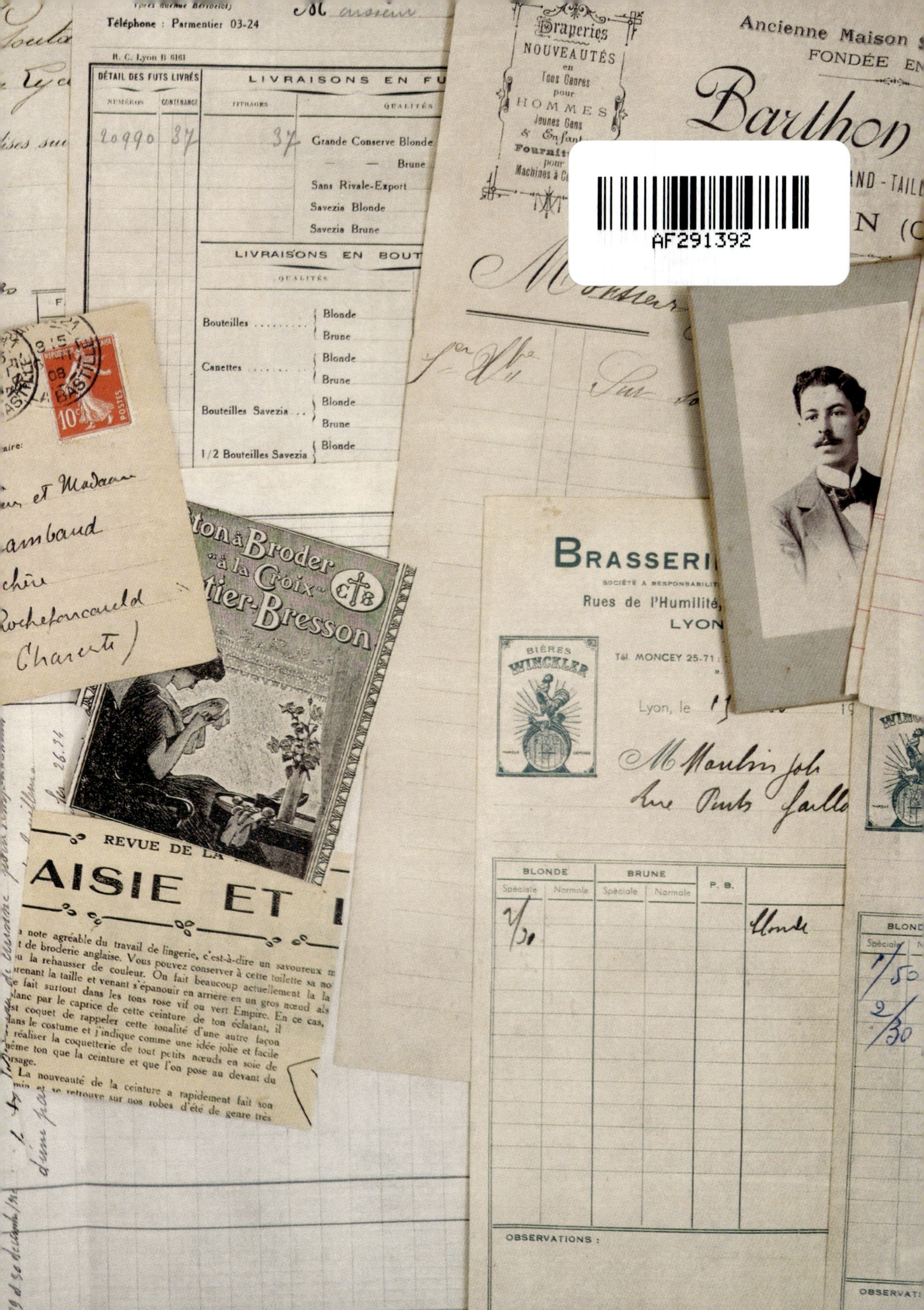
Téléphone : Parmentier 03-24
R. C. Lyon B 6161
DÉTAIL DES FUTS LIVRÉS
NUMÉROS
CONTENANCE
LIVRAISONS EN FU
TITRAGES
QUALITÉS
20990
37
37
Grande Conserve Blonde
Brune
Sans Rivale-Export
Savezia Blonde
Savezia Brune
LIVRAISONS EN BOUT
QUALITÉS
Bouteilles
Blonde
Brune
Canettes
Blonde
Brune
Bouteilles Savezia
Blonde
Brune
1/2 Bouteilles Savezia
Blonde
Draperies
NOUVEAUTÉS
en
Tous Genres
pour
HOMMES
Jeunes Gens
& Enfant
Fourni
pour
Machines à C
Ancienne Maison
FONDÉE EN
Barthon
AND - TAIL
AF291392
et Madam
ambaud
chèr
Rochefoucauld
(Charente)
on à Broder
"à la Croix"
tier-Bresson
REVUE DE LA
AISIE ET
BRASSERIE
SOCIÉTÉ A RESPONSABILITÉ
Rues de l'Humilité,
LYON
BIÈRES
WINCKLER
Tél. MONCEY 25-71
Lyon, le
BLONDE
BRUNE
Spéciale
Normale
Spéciale
Normale
P. B.
Blonde
BLOND
Spéciale
OBSERVATIONS :
OBSERVA

© 2024 Monsa Publications

First edition in 2024 September by Monsa Publications,
Gravina 43 (08930) Sant Adrià de Besós.
Barcelona (Spain)
T +34 933 810 093
www.monsa.com
monsa@monsa.com

Editor and project director: Monsa & Adriana Bermúdez
Designer and art director: Adriana Bermúdez
hola@drianabermudez.com

Printed in Spain
Translation by SomosTraductores.

Collages by Adriana Bermúdez
www.adrianabermudez.com
@adricollage

Shop online:
www.monsashop.com

Follow us!
Instagram @monsapublications

ISBN: 978-84-17557-76-8
D.L. B 7249-2024

All rights reserved. No part of this book may be used or repro-
duced in any manner whatsoever without written permission except in
the case of brief quotations embodied in critical articles and reviews.
Whole or partial reproduction of this book without the editor's author-
isation infringes reserved rights; any utilization must be previously
requested.

"Queda prohibida, salvo excepción prevista en la ley, cualquier
forma de reproducción, distribución, comunicación pública y trans-
formación de esta obra sin contar con la autorización de los titulares
de propiedad intelectual. La infracción de los derechos mencionados
puede ser constitutiva de delito contra la propiedad intelectual (Art.
270 y siguientes del Código Penal). El Centro Español de Derechos
Reprográficos (CEDRO) vela por el respeto de los citados derechos".

30 COLLAGE exercises

to improve your technique

30 ejercicios de collage para mejorar tu técnica

Adriana Bermúdez
@adricollage

monsa

Tabla de CONTENIDO

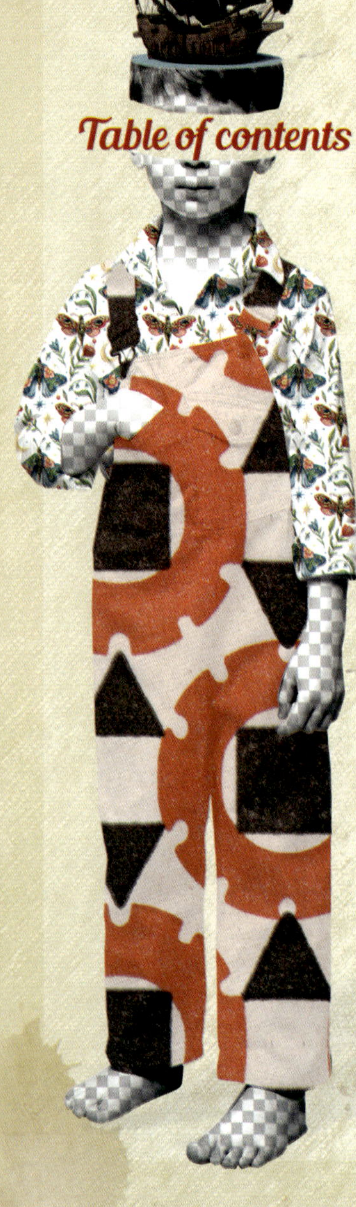

Capítulo 1
Soy un Tipo de Collage

Chapter 1
I am a Type Collage

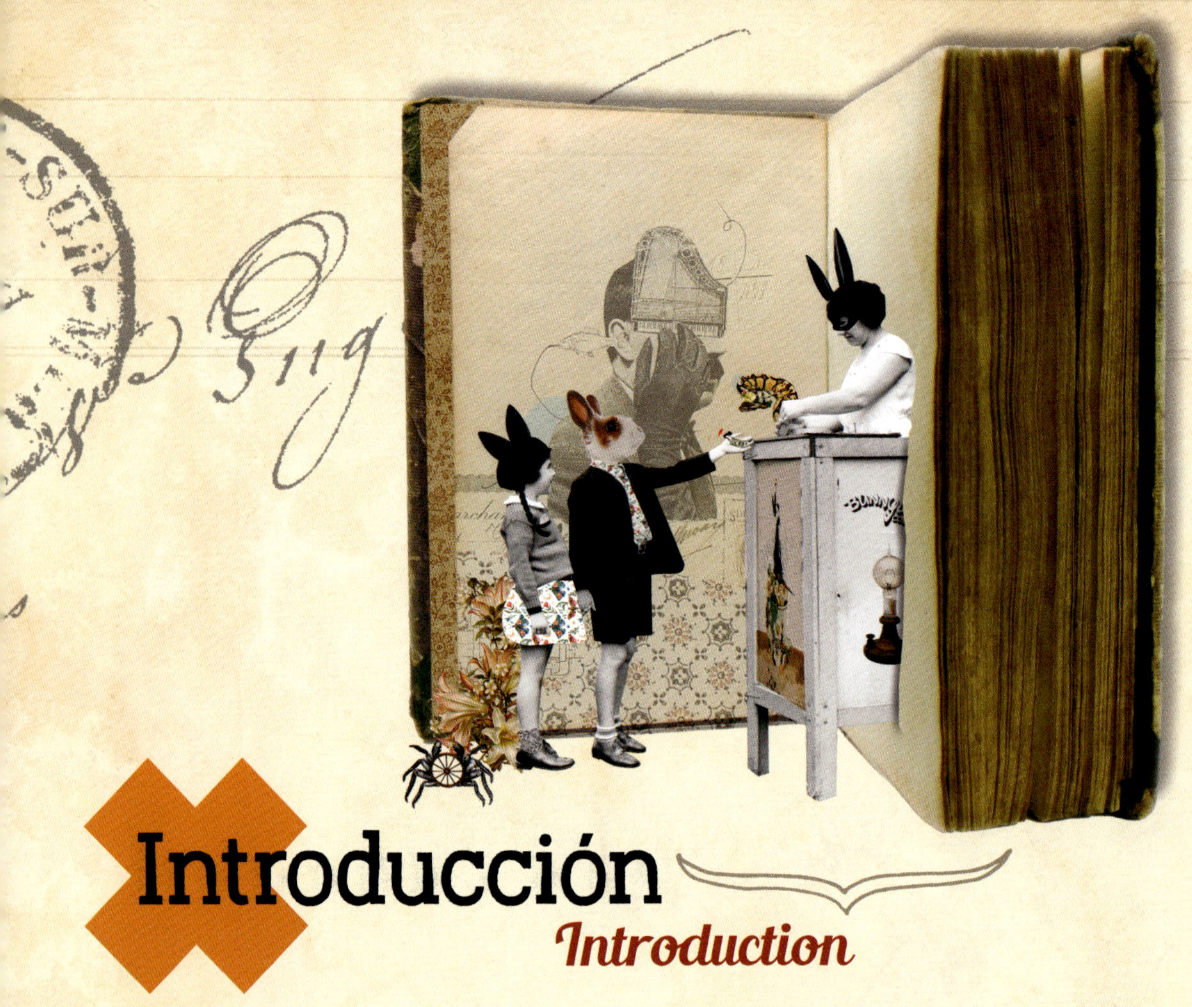

Introducción

Introduction

¡Hola y bienvenido a tu emocionante viaje en el arte del collage! Este libro es como tu propio estudio creativo, lleno de 30 ejercicios prácticos para que perfecciones tu habilidad. Estoy aquí para mostrarte cómo crear maravillosos collages, tal como yo aprendí.

Antes de empezar, es importante conocer lo básico y entender un poco de teoría. En mi libro "The ABC of Collage", presenté las herramientas, compartí algunos trucos y te conté sobre la historia del collage. Si aún no lo has leído, te animo a que lo hagas; es como abrir una puerta a un mundo lleno de conocimiento.

Hello and welcome to your exciting journey into the art of collage! This book is like your own creative studio, filled with 30 practical exercises to hone your skills. I'm here to show you how to create wonderful collages, just as I learned.

Before we begin, it's important to grasp the basics and understand a bit of theory. In my book "The ABC of Collage," I introduced the tools, shared some tricks, and delved into the history of collage. If you haven't read it yet, I encourage you to do so; it's like opening a door to a world full of knowledge.

Cómo usar este libro

How to use this book

Este libro está diseñado como una guía creativa que te ayudará a explorar las técnicas empleadas para crear todos los tipos de collage. Mi sugerencia es que primero te entrenes repitiendo los ejercicios y luego añadas tu toque único, creando otras versiones.

En el último capítulo encontrarás páginas llenas de imágenes para recortar, así que no tendrás excusas para no practicar. Estoy segura de que, al terminar este libro, tendrás muchas ideas que podrás aplicar en tus collages.

This book is designed as a creative guide to help you explore the techniques used to create all types of collage. My suggestion is to first train yourself by repeating the exercises and then add your unique touch, creating other versions.

In the last chapter, you'll find pages full of images to cut out, so you won't have any excuses not to practice. I'm sure that by finishing this book, you'll have plenty of ideas that you can apply to your collages.

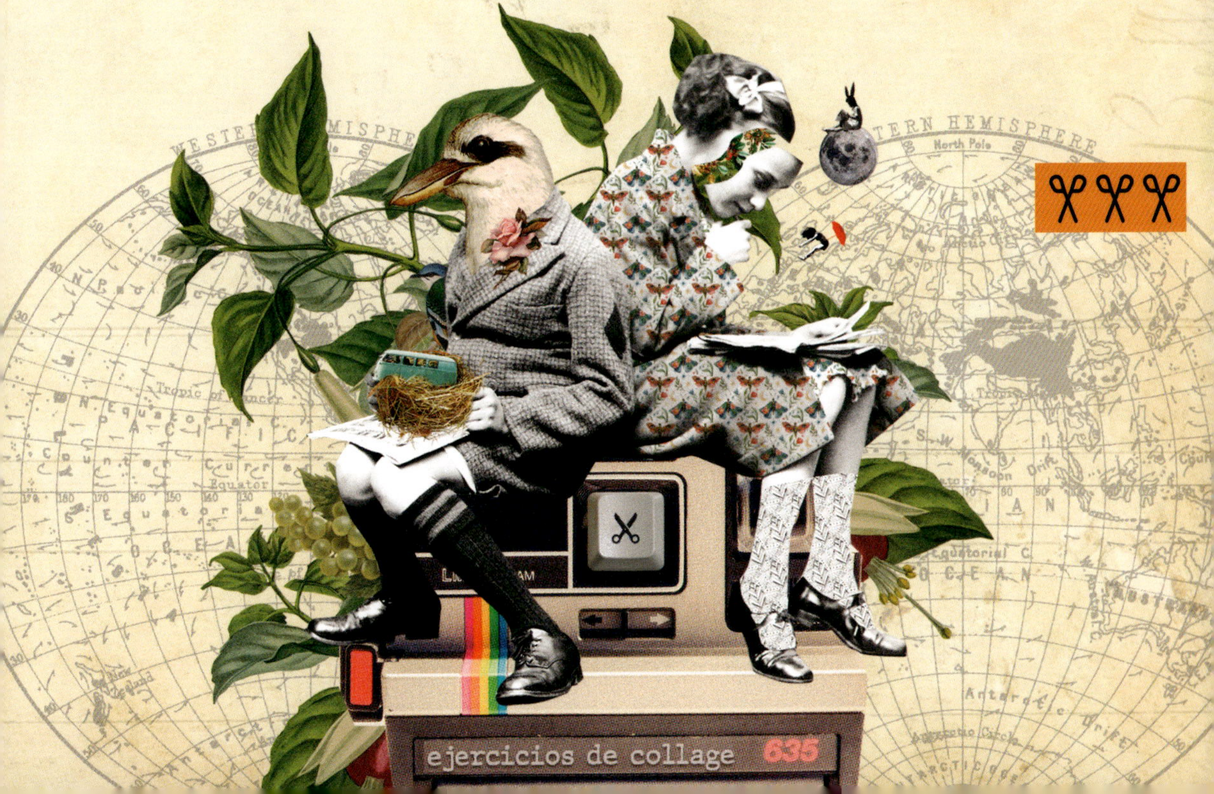

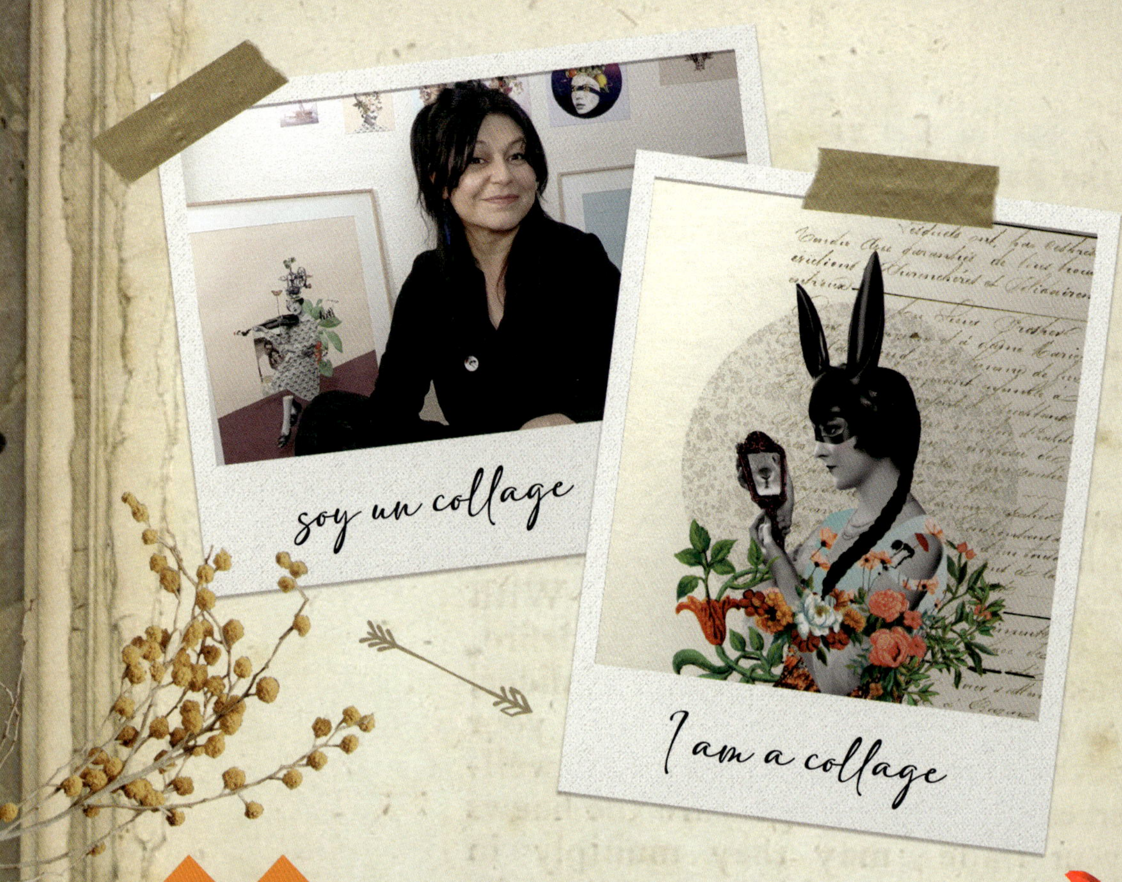

Sobre la AUTORA

Adriana Bermúdez

about the author

Desde 2006, mi vida y mi arte han sido un entrelazado de recortes y pegamentos. Como artista, me identifico como una alquimista de lo cotidiano, transformando lo mundano en lo surreal. El collage es como mi idioma especial. Me permite combinar todo lo que me gusta: dibujar, pintar, jugar con efectos digitales y sentir la textura del papel. Cada collage que hago es como dar nueva vida a los objetos, es como reciclar recuerdos y crear sueños futuros con ellos.

Since 2006, my life and my art have been a tapestry of cutouts and glue. As an artist, I identify as an alchemist of the everyday, transforming the mundane into the surreal. Collage is like my special language. It allows me to combine everything I love: drawing, painting, playing with digital effects, and feeling the texture of paper. Each collage I create is like breathing new life into objects; it's like recycling memories and creating future dreams with them.

Lo Que Alimenta Mi Creatividad

La vida, en su rica diversidad, es mi museo infinito. "La vida es un collage de experiencias", y cada momento vivido se convierte en un impulso para crear. Cada collage es un diario de vida, un registro de emociones, canciones, encuentros, viajes y estados de ánimo.

Todo se plasma en mi arte, organizado por fechas y lugares, como una bitácora de mi viaje personal. Mi misión es compartir esta pasión y enseñar a otros a encontrar su voz a través de este arte fascinante y versátil.

Mi vida es un collage
y los días
son recortes que voy
juntando sobre mi lienzo:
el amor.

What Fuels My Creativity

Life, in its rich diversity, is my infinite museum. "Life is a collage of experiences," and every moment lived becomes an impulse to create. Each collage is a life journal, a record of emotions, songs, encounters, journeys, and moods. Everything is reflected in my art, organized by dates and places, like a logbook of my personal journey. My mission is to share this passion and teach others to find their voice through this fascinating and versatile art.

My life is a collage,
and the days are cutouts
that I gather on my canvas:
love.

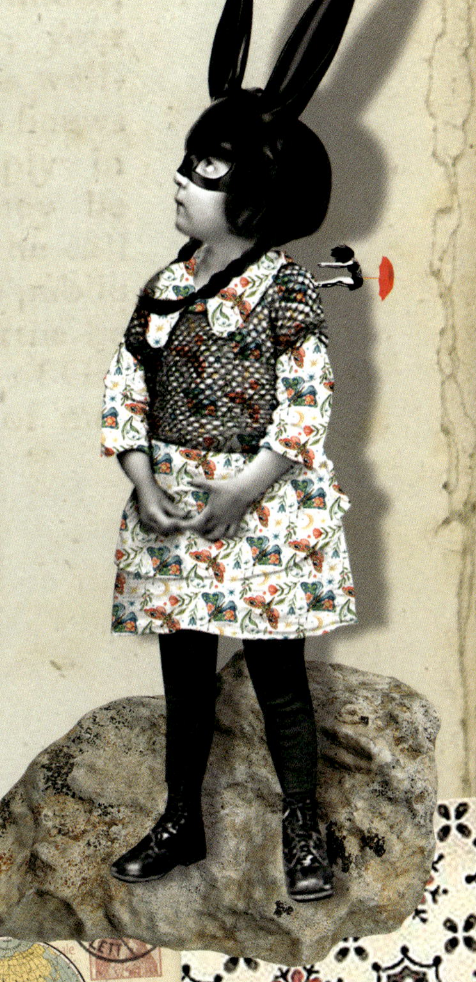

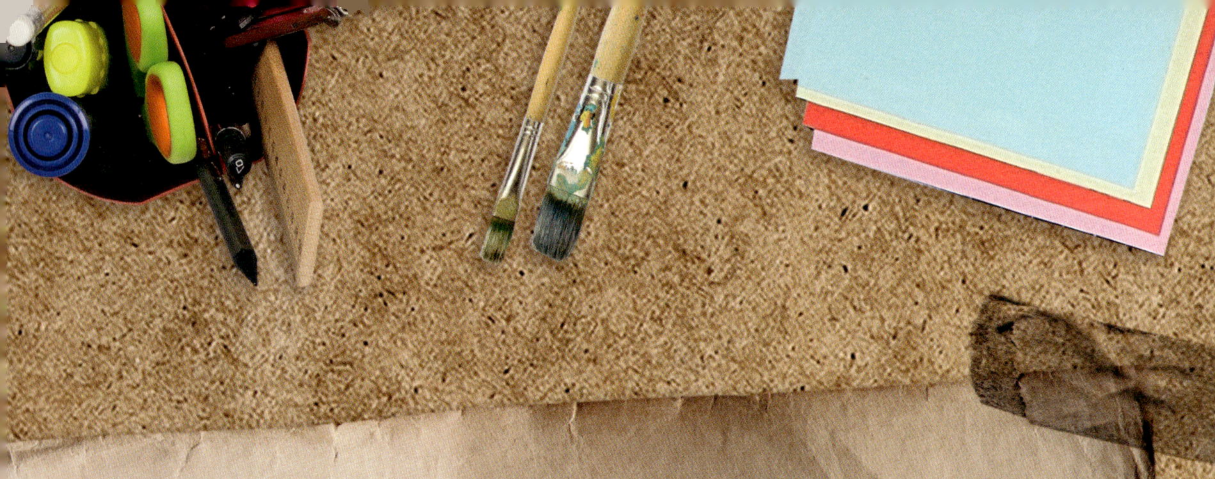

Prepara tus HERRAMIENTAS DE COLLAGE

Prepare your Collage Tools

Antes de sumergirte en los ejercicios, asegúrate de tener lo básico:

- Tijeras para papel: elige unas que te resulten cómodas y precisas.
- Pegamento: puede ser en barra o líquido, dependiendo de tus preferencias.
- Una libreta especial para técnicas mixtas: es importante que el papel sea resistente.
- Una base de corte: esto te ayudará a mantener tus cortes limpios y tu mesa a salvo.
- Plumones.
- Cartulinas de colores.
- Cartón.

Before diving into the exercises, make sure you have the basics:

- Paper scissors: choose ones that are comfortable and precise.
- Glue: it can be stick or liquid, depending on your preferences.
- A special notebook for mixed media: it's important that the paper is sturdy.
- A cutting mat: this will help you keep your cuts clean and your table safe.
- Markers.
- Colored cardstock.
- Cardboard.

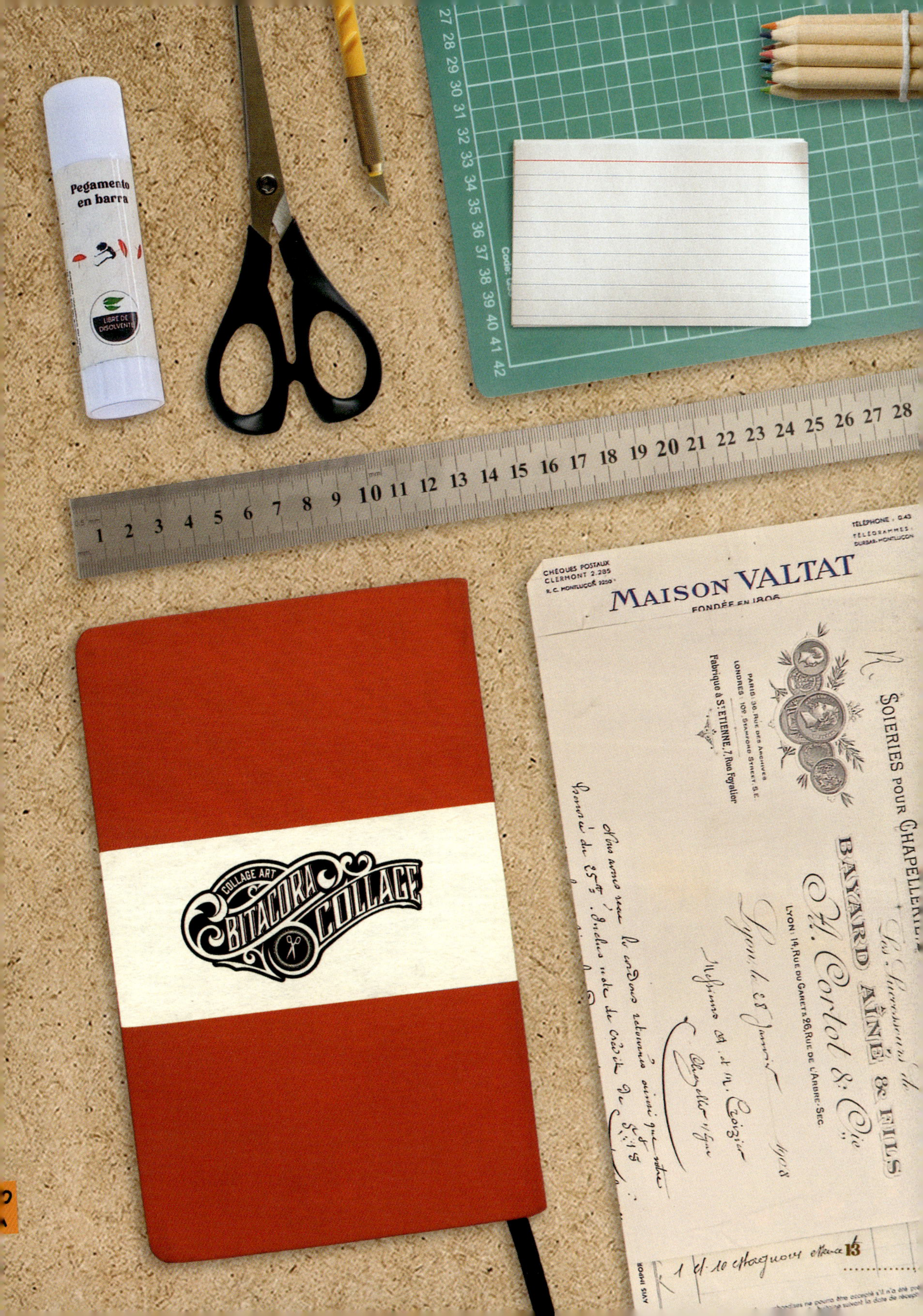
Pegamento en barra
LIBRE DE DISOLVENTE
COLLAGE ART
BITACORA COLLAGE
CHÈQUES POSTAUX
CLERMONT 2.285
MAISON VALTAT
FONDÉE EN 1806
TÉLÉPHONE: 0.43
SOIERIES POUR CHAPELLERIE
BAYARD AÎNÉ & FILS
LYON: 14, RUE DU GARET, 26, RUE DE L'ARBRE-SEC
PARIS: 30, RUE DES ARCHIVES
LONDRES: 10, STAMFORD STREET, S.E.
Fabrique à St ETIENNE, 7, Rue Foyatier

Crea tus Composiciones

Si estás empezando, sigue las instrucciones al pie de la letra. Haz primero el ejercicio como te lo muestro y después, intenta hacer tu propia versión con imágenes que elijas.

Si ya tienes experiencia haciendo collages, anímate a crear tus propios diseños basándote en los estilos que propongo.

¡Vas a disfrutar mucho!

Haz Pruebas

Si tienes una imagen que te encanta y no quieres arriesgarte a cortarla, haz primero una fotocopia y trabaja con ella. Cuando estés seguro de tu composición, usa la imagen original.

Create Your Compositions

If you're just starting out, follow the instructions to the letter. First, do the exercise as I show you, and then try making your own version with images you choose. If you already have experience making collages, feel free to create your own designs based on the styles I propose.

You're going to enjoy it a lot!

Experiment

If you have an image you love and don't want to risk cutting it, make a photocopy first and work with that. When you're confident in your composition, use the original image.

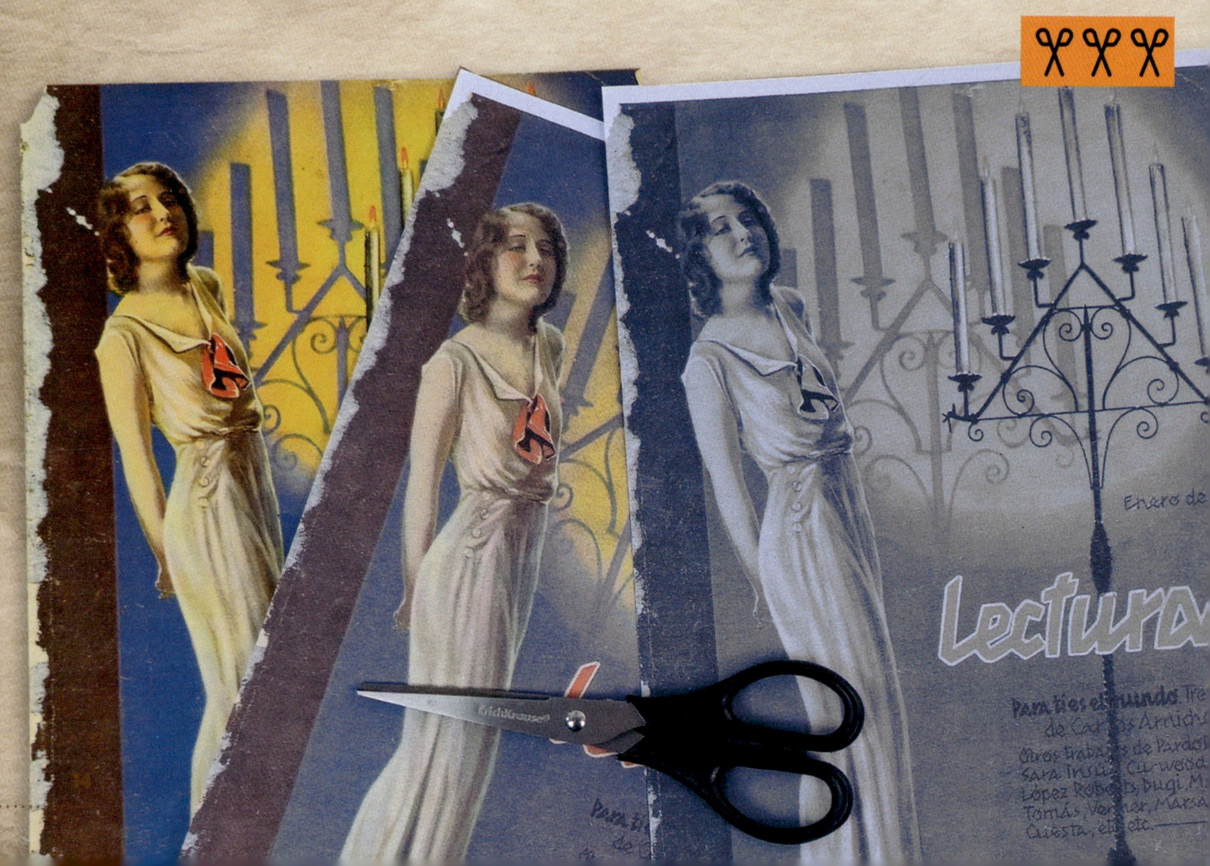

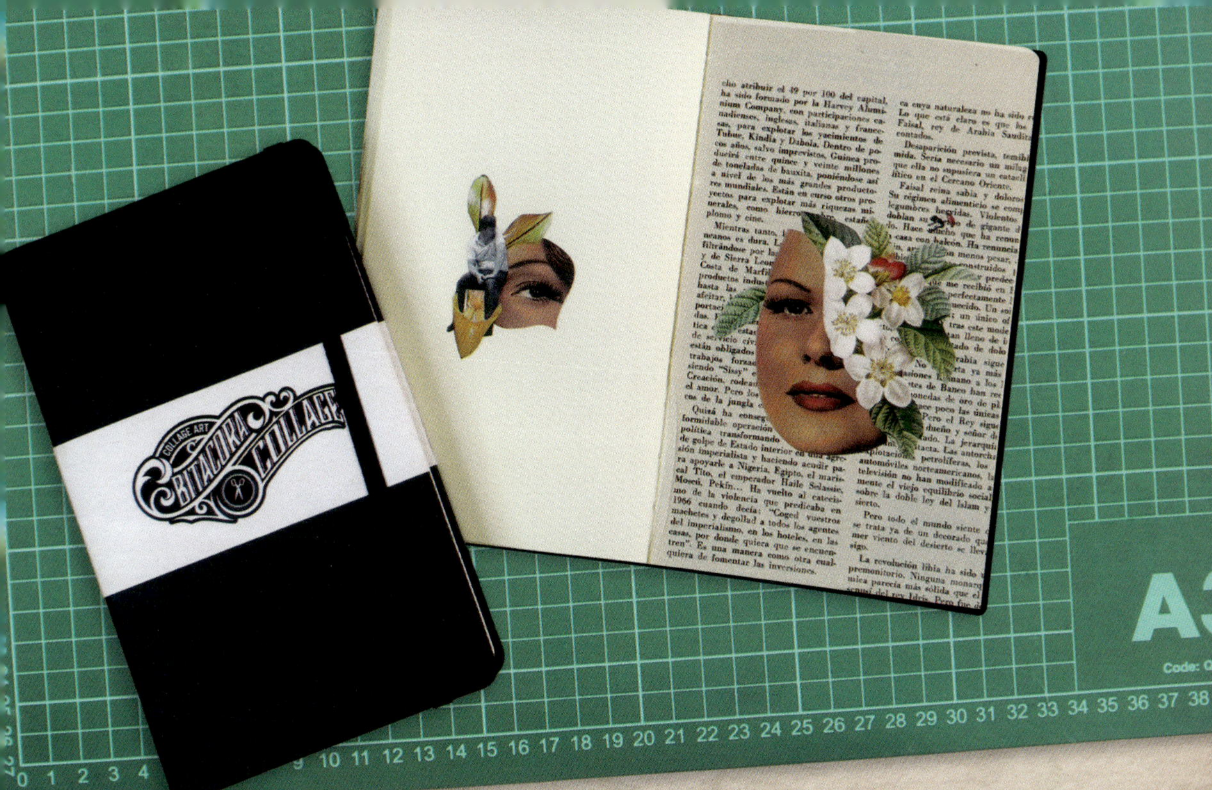

Elige el Cuaderno Perfecto para tus Collages

✂ Tu cuaderno de collage será el hogar de muchas capas y texturas. Necesitas que sea resistente, así que busca uno con hojas de más de 100 gramos.

✂ Elige un cuaderno que sea fácil de llevar contigo. Así podrás hacer collage donde quieras.

Mantén Limpio tu Espacio de Trabajo

Cuando trabajamos con pegamento, es fácil que haya pequeños derrames. Mantén tu área de trabajo limpia para proteger tus materiales y recortes.

Choose the Perfect Notebook for Your Collages

✂ Your collage notebook will be home to many layers and textures. You need it to be sturdy, so look for one with sheets over 100 grams.

✂ Choose a notebook that's easy to carry with you. That way, you can collage wherever you want.

Keep Your Workspace Clean

When working with glue, it's easy to have small spills. Keep your workspace clean to protect your materials and cutouts.

Capítulo 1.
Soy un Tipo de Collage

Chapter 1. I Am a Type of Collage

En este capítulo, exploramos 10 diversos tipos de collage, cada uno inspirado en un movimiento artístico distinto. Nuestro objetivo será sumergirnos en la rica historia del collage y comprender su papel fundamental en el arte contemporáneo. A través de estos ejercicios, no solo aprenderás las diferentes técnicas y estilos, sino que también apreciarás cómo el collage ha influenciado y enriquecido el panorama artístico a lo largo de los años.

In this chapter, we explore 10 diverse types of collage, each inspired by a different artistic movement. Our goal will be to immerse ourselves in the rich history of collage and understand its fundamental role in contemporary art. Through these exercises, you will not only learn different techniques and styles but also appreciate how collage has influenced and enriched the artistic landscape over the years.

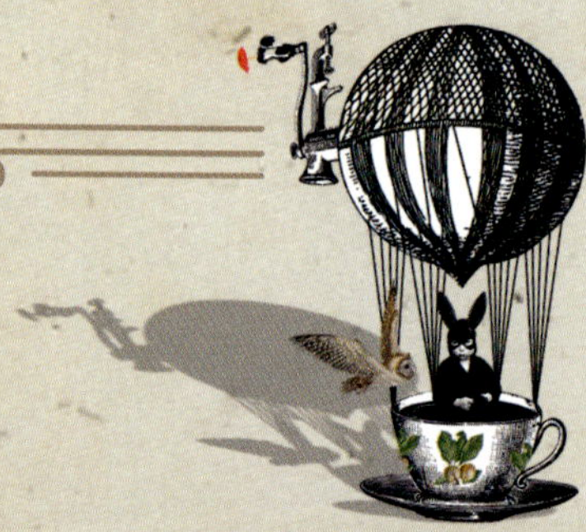

# Los Valentines (Precursores del Collage)

The Valentines (Precursors of Collage)

En el romántico siglo XIX, surgieron los "valentines", cartas de amor intercambiadas en el Día de San Valentín. Estos mensajes se caracterizaban por su riqueza en adornos: bordados, repujados y una variedad de elementos decorativos superpuestos. Durante la época victoriana, conocida por su pasión y restricciones, estas cartas alcanzaron un nivel de sofisticación aún mayor con encajes, lazos y terciopelo, ocultando mensajes secretos entre sus pliegues y lazos. Esta era una forma ingeniosa para que las jóvenes pudieran recibir correspondencia amorosa discretamente, burlando la vigilancia de unos padres que solían leer todas las cartas antes de entregarlas a sus hijas.

En este ejercicio, te invito a recrear tu propio collage victoriano, lleno de color y simbolismo.

In the romantic 19th century, "valentines" emerged as love letters exchanged on Valentine's Day. These messages were characterized by their richness in decorations: embroidery, embossing, and a variety of overlapping decorative elements. During the Victorian era, known for its passion and constraints, these letters reached an even higher level of sophistication with lace, ribbons, and velvet, hiding secret messages between their folds and ribbons. This was an ingenious way for young women to receive love correspondence discreetly, bypassing the vigilance of parents who often read all the letters before handing them to their daughters.

In this exercise, I invite you to recreate your own Victorian collage, full of color and symbolism.

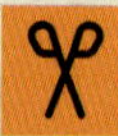

Imágenes: Para comenzar tu collage de valentines, visita la página 87. En esta página, he preparado una selección de imágenes que serán ideales para la base de tu proyecto. Estas te ayudarán a capturar la esencia romántica y detallada de los valentines.

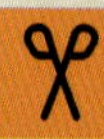

Images: To start your valentines collage, visit page 87. On this page, I have prepared a selection of images that will be ideal for the foundation of your project. These will help you capture the romantic and detailed essence of the valentines.

Elige una cartulina de color pastel. Recorta tiras en forma rectangular para crear un fondo que aporte movimiento a tu collage.

Choose a pastel-colored cardstock. Cut rectangular strips to create a background that adds movement to your collage.

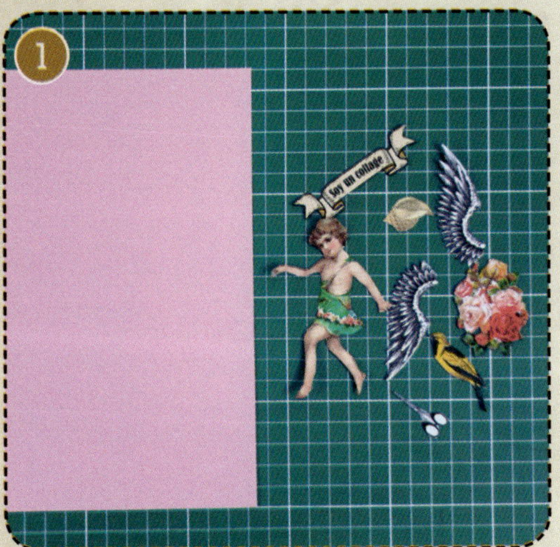

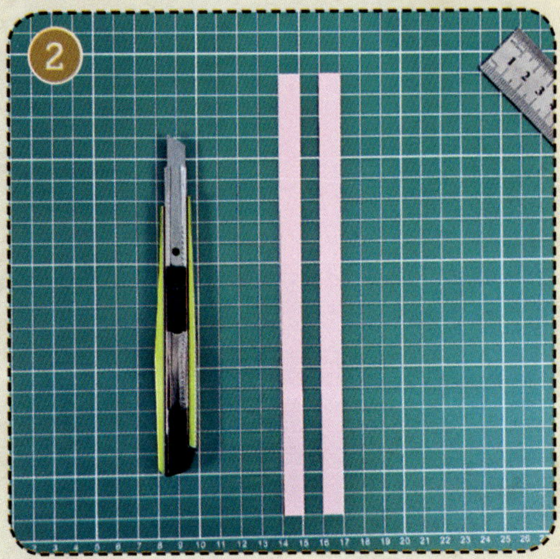

Luego ve añadiendo los recortes uno a uno como si fuesen capas. Intenta no dejar bordes blancos en las imágenes.

Then, start adding the cutouts one by one as if they were layers. Try not to leave white edges on the images.

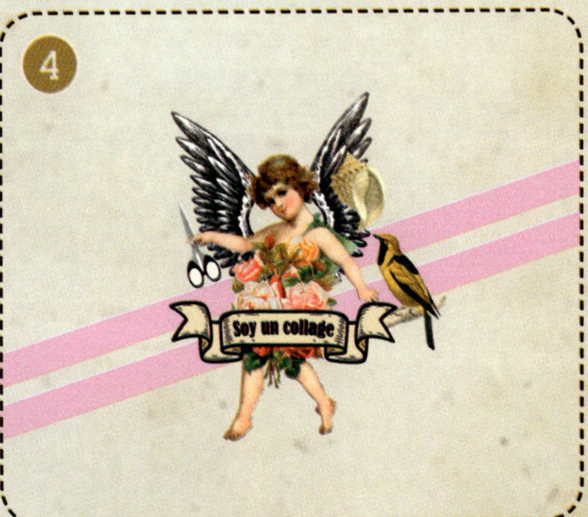

Si deseas añadir un ambiente más victoriano a tu obra, considera incorporar materiales reales como encaje y terciopelo. Estos elementos no solo enriquecerán visualmente tu collage, sino que también le darán una textura y una sensación de lujo propias de la época.

If you want to add a more Victorian atmosphere to your work, consider incorporating real materials such as lace and velvet. These elements will not only visually enrich your collage but also give it a texture and a feeling of luxury typical of the era.

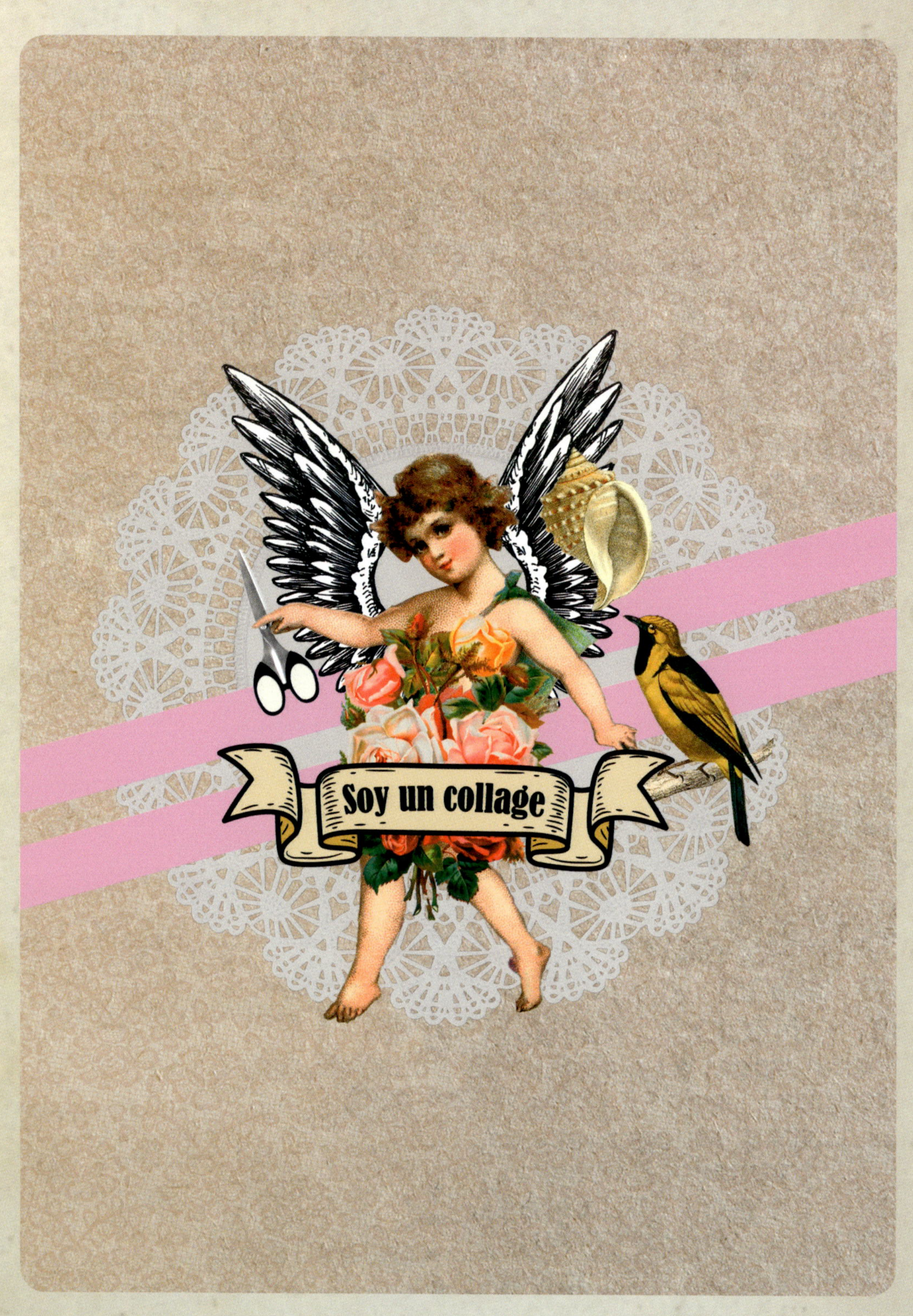
Soy un collage

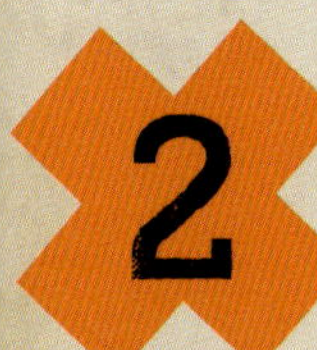

2 Cubismo Sintético al Estilo de Braque
Synthetic Cubism in the Style of Braque

El Cubismo Sintético, desarrollado por artistas como Georges Braque y Pablo Picasso a principios del siglo XX, marcó un hito en el arte moderno. Esta forma de cubismo se enfoca en la simplificación y síntesis de formas, utilizando colores y texturas para crear representaciones abstractas de objetos. El collage cubista incorpora materiales cotidianos como papel de periódico, fragmentos de papel pintado o partituras, rompiendo con la tradición artística y añadiendo una dimensión tangible y realista a las obras.

En este ejercicio, te guiaré para que crees tu propio collage cubista sintético, inspirándonos en la famosa técnica de Braque. Utilizaremos el ejemplo de una guitarra, uno de los motivos más icónicos en sus obras.

Synthetic Cubism, developed by artists such as Georges Braque and Pablo Picasso in the early 20th century, marked a milestone in modern art. This form of cubism focuses on simplification and synthesis of forms, using colors and textures to create abstract representations of objects. Cubist collage incorporates everyday materials such as newspaper, wallpaper fragments, or sheet music, breaking with artistic tradition and adding a tangible and realistic dimension to the works. In this exercise, I will guide you to create your own synthetic cubist collage, inspired by Braque's famous technique. We will use the example of a guitar, one of the most iconic motifs in his works.

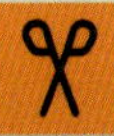

Imágenes: Comienza revisando la página 89 para obtener imágenes base. Si buscas un toque más realista, añade recortes de papel periódico y pedazos de cartón a tu colección.

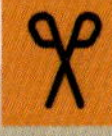

Images: Start by reviewing page 89 for base images. If you're looking for a more realistic touch, add cutouts of newspaper and pieces of cardboard to your collection.

1. Observa la imagen 1 para familiarizarte con su forma y estructura.

1. Observe image 1 to familiarize yourself with its shape and structure.

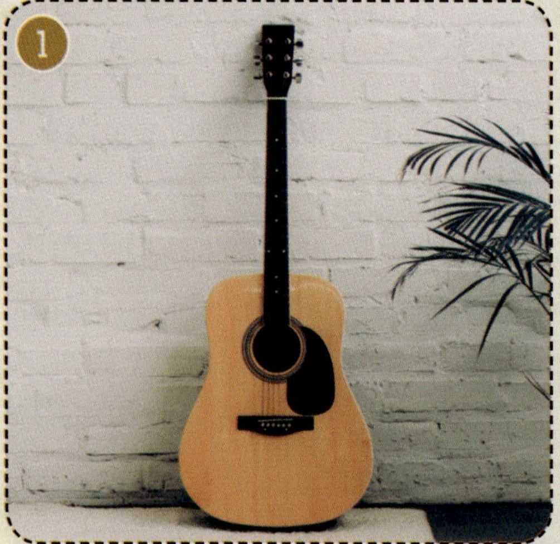

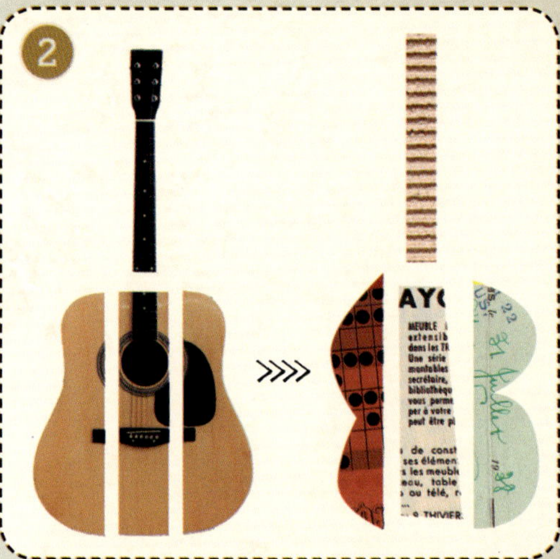

2. Comienza a organizar recortes de papel de periódico para formar la silueta básica de una guitarra. Piensa en cómo puedes representar las diferentes partes de la guitarra (cuerpo, mástil, cuerdas) de manera abstracta y simplificada.

2. Begin organizing newspaper clippings to form the basic silhouette of a guitar. Consider how you can represent the different parts of the guitar (body, neck, strings) in an abstract and simplified manner.

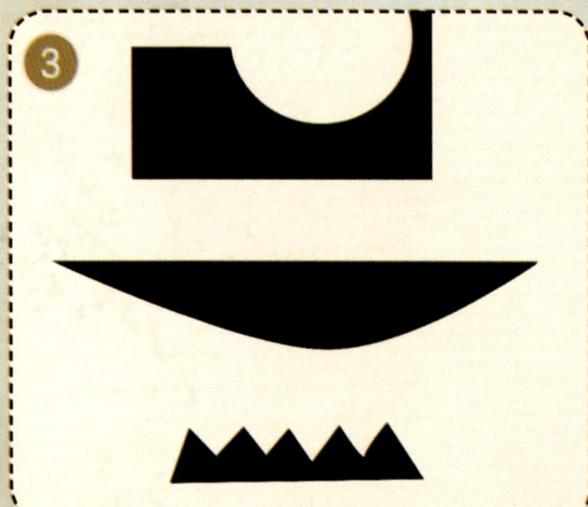

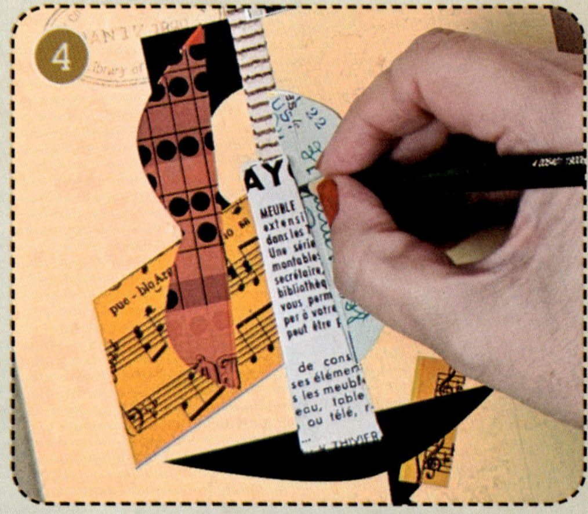

3 Recorta las figuras en una cartulina de color negro.

4. Utiliza un lápiz tipo B o 2B para añadir sombras a los recortes y darles mayor profundidad.

3. Cut out the shapes on a black cardstock.

4. Use a B or 2B pencil to add shadows to the cutouts and give them greater depth.

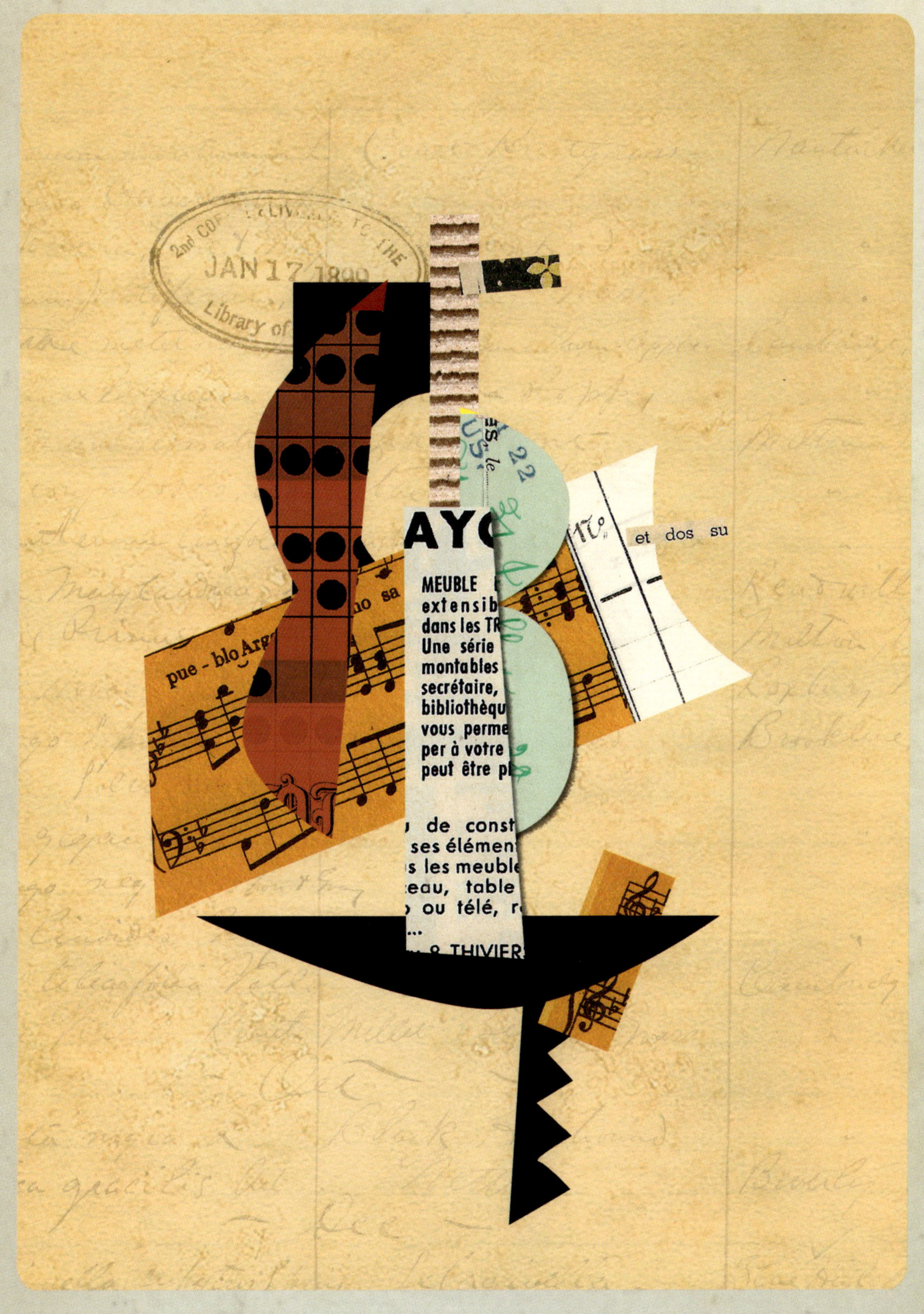

JAN 17 1890
Library of
AYO
MEUBLE
extensib
dans les TR
Une série
montables
secrétaire,
bibliothèqu
vous perme
per à votre
peut être pl
u de const
es élément
s les meuble
eau, table
ou télé, r
...
& THIVIER
et dos su
pue - blo Arg

3 El collage es DADÁ

Collage is DADA

El collage dadaísta se distingue por su enfoque en la combinación inesperada y a veces absurda de elementos visuales y materiales. Los artistas dadaístas utilizaron recortes de periódicos, revistas, fotografías y objetos cotidianos, seleccionados muchas veces al azar. Lo fascinante de este estilo es que desafía las normas tradicionales de lógica y coherencia en el arte.

Este enfoque no solo representaba una forma de experimentación artística, sino que también era un reflejo del pensamiento dadaísta. Los artistas de este movimiento veían al mundo en un estado de caos y creían que las expresiones artísticas convencionales no eran suficientes para representar esta realidad. A través del collage, buscaban capturar la fragmentación y el absurdo de la sociedad contemporánea, creando obras que ofrecían una perspectiva única y provocativa.

Dadaist collage is distinguished by its focus on the unexpected and sometimes absurd combination of visual elements and materials. Dadaist artists used clippings from newspapers, magazines, photographs, and everyday objects, often selected randomly. The fascinating aspect of this style is that it defies traditional norms of logic and coherence in art.

This approach not only represented a form of artistic experimentation but also reflected Dadaist thought. Artists of this movement viewed the world in a state of chaos and believed that conventional artistic expressions were not sufficient to represent this reality. Through collage, they sought to capture the fragmentation and absurdity of contemporary society, creating works that offered a unique and provocative perspective.

Imágenes: Visita las páginas 91 y 93 para encontrar una selección de imágenes que te servirán de punto de partida. Si te animas a experimentar más, no dudes en agregar tus propios recortes, como periódicos, revistas o fotografías de objetos cotidianos. No busques una coherencia o tema específico; en este ejercicio, lo valioso es la variedad y el contraste. Deja que la creatividad fluya y que la selección de imágenes te lleve por caminos inesperados.

Images: Visit pages 91 and 93 to find a selection of images that will serve as your starting point. If you're inclined to experiment further, feel free to add your own clippings, such as newspapers, magazines, or photographs of everyday objects. Don't seek coherence or a specific theme; in this exercise, the value lies in variety and contrast. Let creativity flow and let the selection of images lead you down unexpected paths.

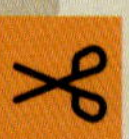

1. Comienza a combinar estos elementos de manera espontánea. No busques un significado lógico o una composición tradicional. Deja que la aleatoriedad y tu intuición guíen el proceso.

2. Mientras trabajas en tu collage, piensa en cómo cada elemento contribuye a crear una representación del caos y el absurdo.

1. Start combining these elements spontaneously. Don't seek logical meaning or traditional composition. Let randomness and your intuition guide the process.

2. As you work on your collage, think about how each element contributes to creating a representation of chaos and absurdity.

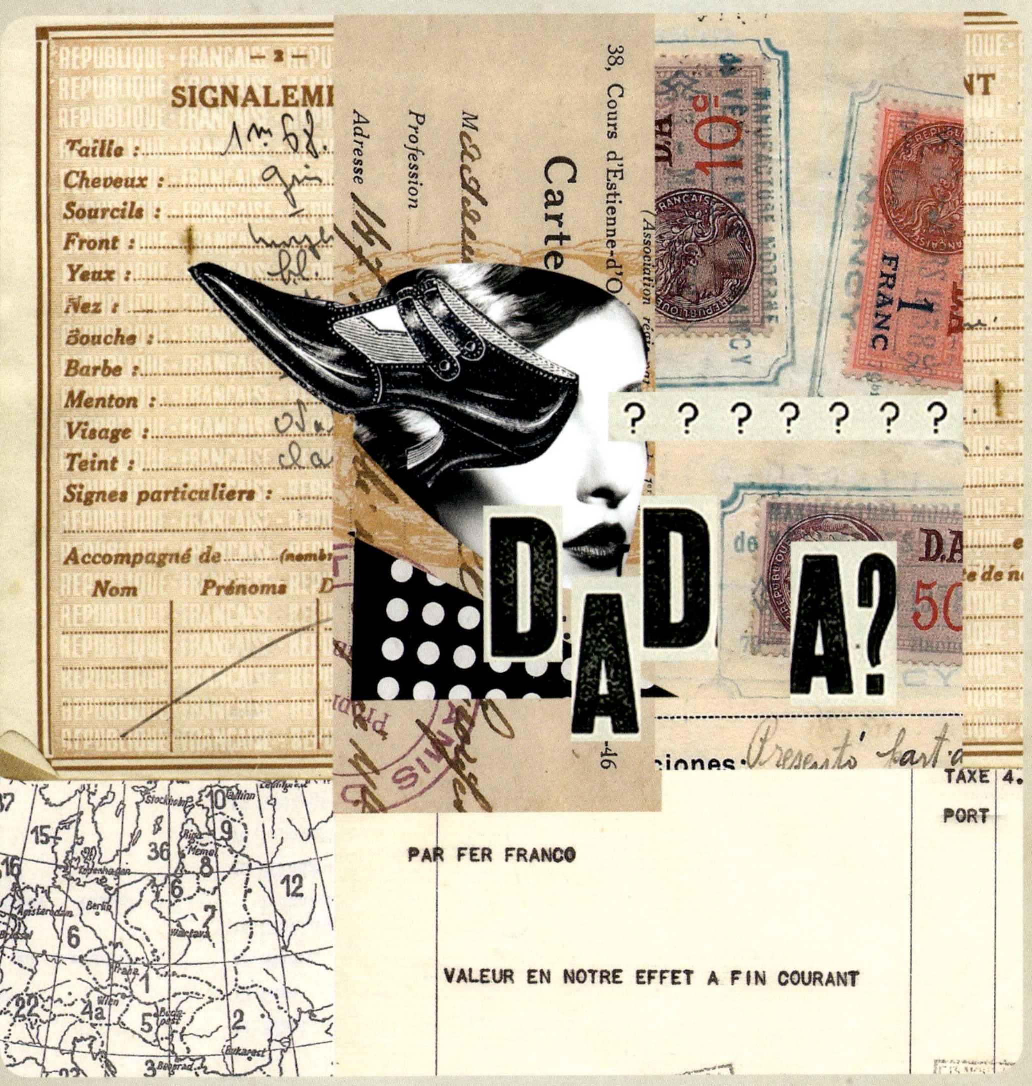

4. Collage Surrealista al Estilo de Max Ernst
Surrealist Collage in the Style of Max Ernst

Este ejercicio se inspira en el enfoque surrealista de crear imágenes únicas y fantásticas mediante la combinación de múltiples componentes. El collage surrealista se caracteriza por su exploración del subconsciente y los sueños, donde la realidad y la fantasía se entrelazan.

Los artistas surrealistas a menudo comenzaban eligiendo imágenes de manera aleatoria y las combinaban en formas inesperadas y sorprendentes. El objetivo era fomentar la libertad y la espontaneidad, permitiendo a los artistas explorar sus emociones y pensamientos subconscientes más profundos.

Max Ernst, uno de los principales exponentes del collage surrealista, es conocido por sus combinaciones únicas, como fusionar fotografías de mujeres con cabezas de animales y objetos inanimados. Siguiendo su ejemplo, en este ejercicio crearemos una imagen que desafíe la lógica convencional y evoque una sensación de sorpresa en el espectador.

This exercise is inspired by the surrealist approach to creating unique and fantastical images by combining multiple components. Surrealist collage is characterized by its exploration of the subconscious and dreams, where reality and fantasy intertwine.

Surrealist artists often began by randomly selecting images and combining them in unexpected and startling ways. The aim was to foster freedom and spontaneity, allowing artists to explore their deepest subconscious emotions and thoughts.

Max Ernst, one of the leading proponents of surrealist collage, is known for his unique combinations, such as merging photographs of women with animal heads and inanimate objects. Following his example, in this exercise, we will create an image that challenges conventional logic and evokes a sense of surprise in the viewer.

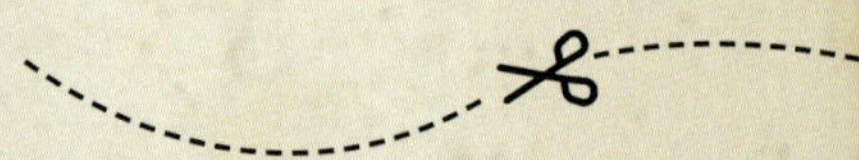

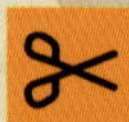

Siguiendo la inspiración de Max Ernst, construirás un personaje inusual que rompe con las convenciones lógicas, llevándote a un viaje por los rincones más profundos del subconsciente y la imaginación: cambia su cabeza y añade extremidades diferentes.

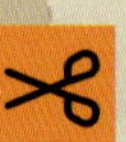

Drawing inspiration from Max Ernst, you will construct an unusual character that breaks with logical conventions, taking you on a journey through the deepest corners of the subconscious and imagination: change its head and add different limbs.

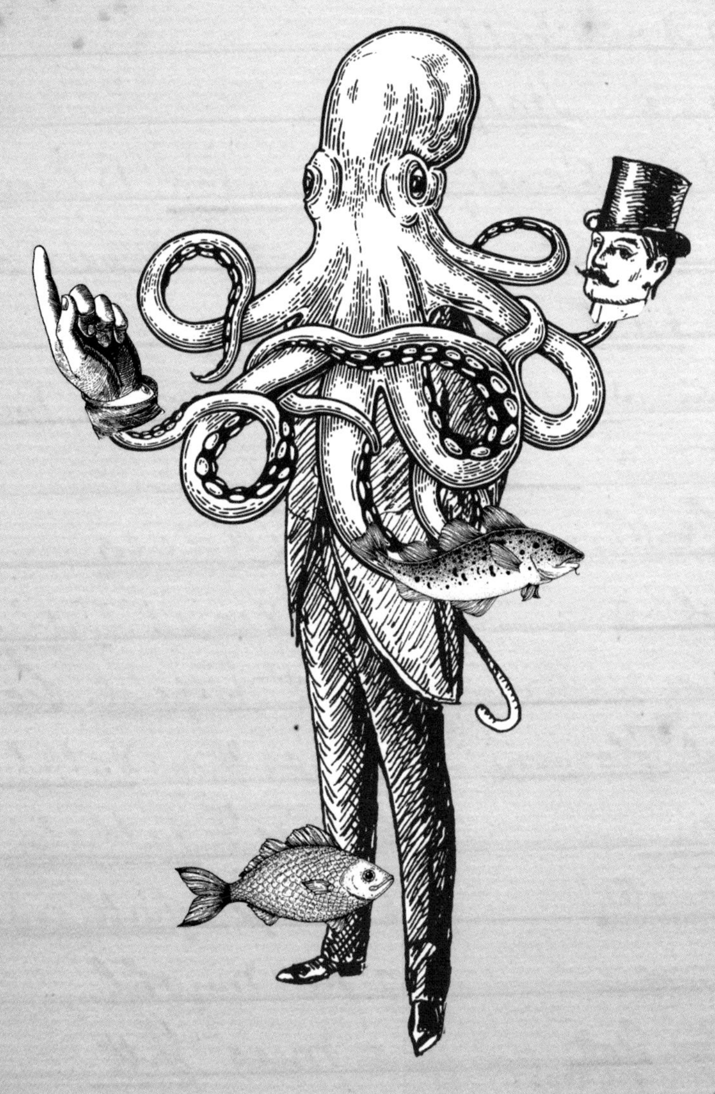

5 Collage Abstracto Orgánico: Unión de Formas y Emociones

Organic Abstract Collage: Fusion of Shapes and Emotions

El arte abstracto se distingue por su habilidad para distorsionar la realidad y alejarse de la representación literal, expresándose mediante formas, líneas y colores libres. Este estilo artístico subjetivo no pretende replicar exactamente lo que vemos, sino que ofrece una perspectiva diferente y personal.

Como una extensión de este arte expresivo, el collage abstracto nos lleva a imaginar realidades alternativas, alejadas de las convenciones diarias. A través de la historia, este medio ha estado presente junto a movimientos como el dadaísmo, el cubismo y el surrealismo, resaltando cómo el arte puede expresar conceptos e ideas complejas.

En el collage abstracto orgánico que vamos a explorar, se destacan los elementos naturales y los patrones suaves y curvos. Este estilo pone énfasis en mezclar formas y texturas abstractas con colores llamativos, con el fin de despertar emociones y captar la atención visual.

Abstract art is distinguished by its ability to distort reality and move away from literal representation, expressing itself through free forms, lines, and colors. This subjective artistic style does not aim to replicate exactly what we see but offers a different and personal perspective.

As an extension of this expressive art, abstract collage leads us to imagine alternative realities, far from everyday conventions. Throughout history, this medium has been present alongside movements such as Dadaism, Cubism, and Surrealism, highlighting how art can express complex concepts and ideas.

In the organic abstract collage that we are going to explore, natural elements and soft, curved patterns are highlighted. This style emphasizes blending abstract shapes and textures with vibrant colors to evoke emotions and capture visual attention.

Empieza por reunir cartulinas de colores vivos. En el ejemplo, he utilizado una de las fotografías de la página 95.

Begin by gathering brightly colored cardstocks. In the example, I have used one of the photographs from page 95.

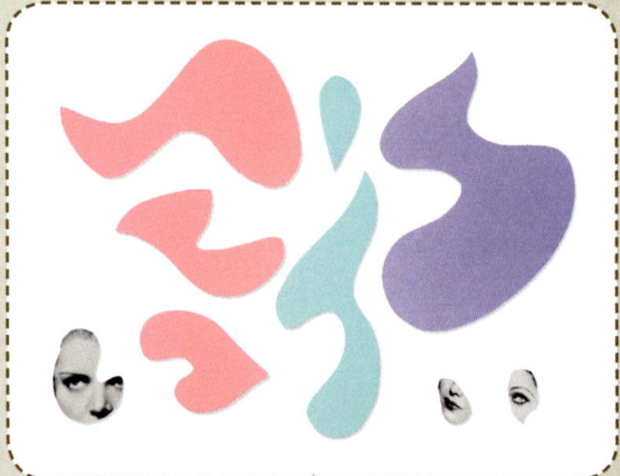

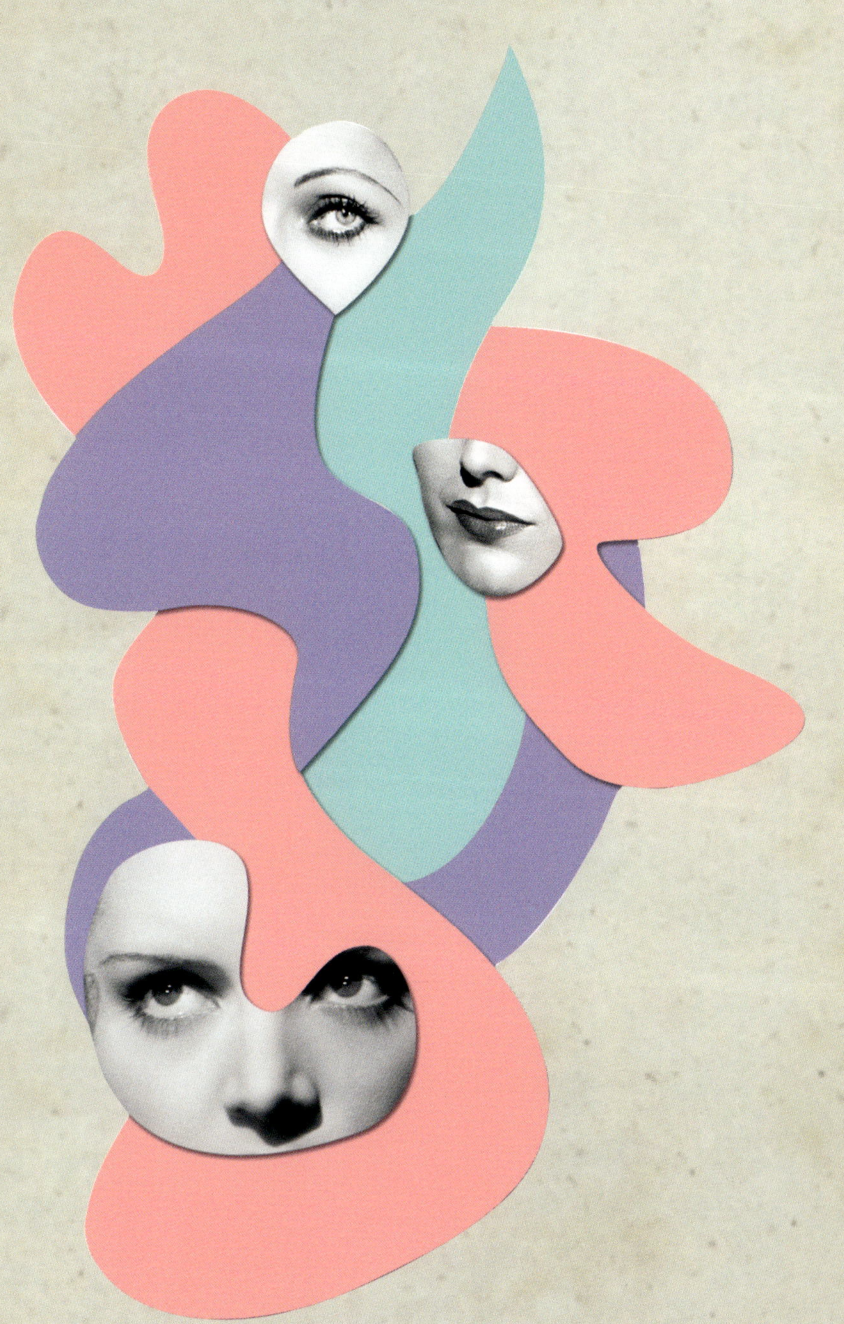

6 Collage Abstracto Geométrico con Influencias Constructivistas

Geometric Abstract Collage with Constructivist Influences

El collage abstracto geométrico, influenciado por el constructivismo, es un estilo que emplea formas geométricas para crear composiciones abstractas. El constructivismo, un movimiento artístico originado en Rusia a principios del siglo XX, se caracteriza por su enfoque en la abstracción, la geometría y el uso industrial de materiales. Al combinar estos elementos, el collage abstracto geométrico y el constructivismo comparten un interés en la simplicidad, la precisión y la manipulación de la percepción visual a través de la repetición, el contraste y el equilibrio.

Para este ejercicio usaremos formas geométricas básicas para formar una composición abstracta, inspirada en los principios del constructivismo. Este ejercicio te permitirá explorar cómo las formas, colores y texturas interactúan para crear una obra armónica y visualmente estimulante.

Geometric abstract collage, influenced by constructivism, is a style that employs geometric shapes to create abstract compositions. Constructivism, an artistic movement originating in Russia in the early 20th century, is characterized by its focus on abstraction, geometry, and the industrial use of materials. By combining these elements, geometric abstract collage and constructivism share an interest in simplicity, precision, and the manipulation of visual perception through repetition, contrast, and balance.

For this exercise, we will use basic geometric shapes to form an abstract composition inspired by the principles of constructivism. This exercise will allow you to explore how shapes, colors, and textures interact to create a harmonious and visually stimulating work.

✂ Elige formas geométricas básicas como círculos, cuadrados, triángulos y rectángulos, en tonos negro, rojo y naranja, reflejando la simplicidad y abstracción del constructivismo.

✂ Choose basic geometric shapes such as circles, squares, triangles, and rectangles, in tones of black, red, and orange, reflecting the simplicity and abstraction of constructivism.

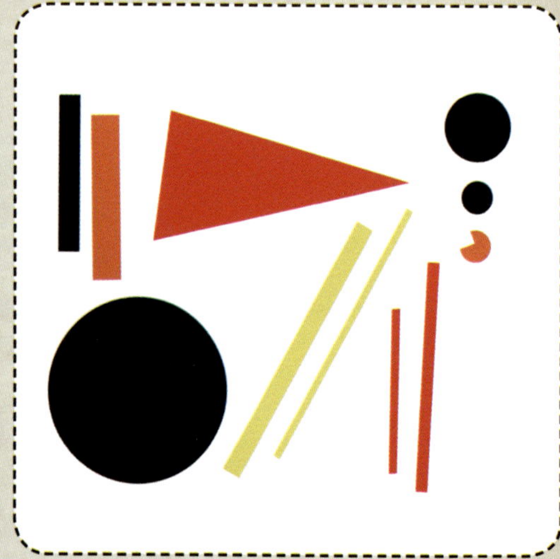

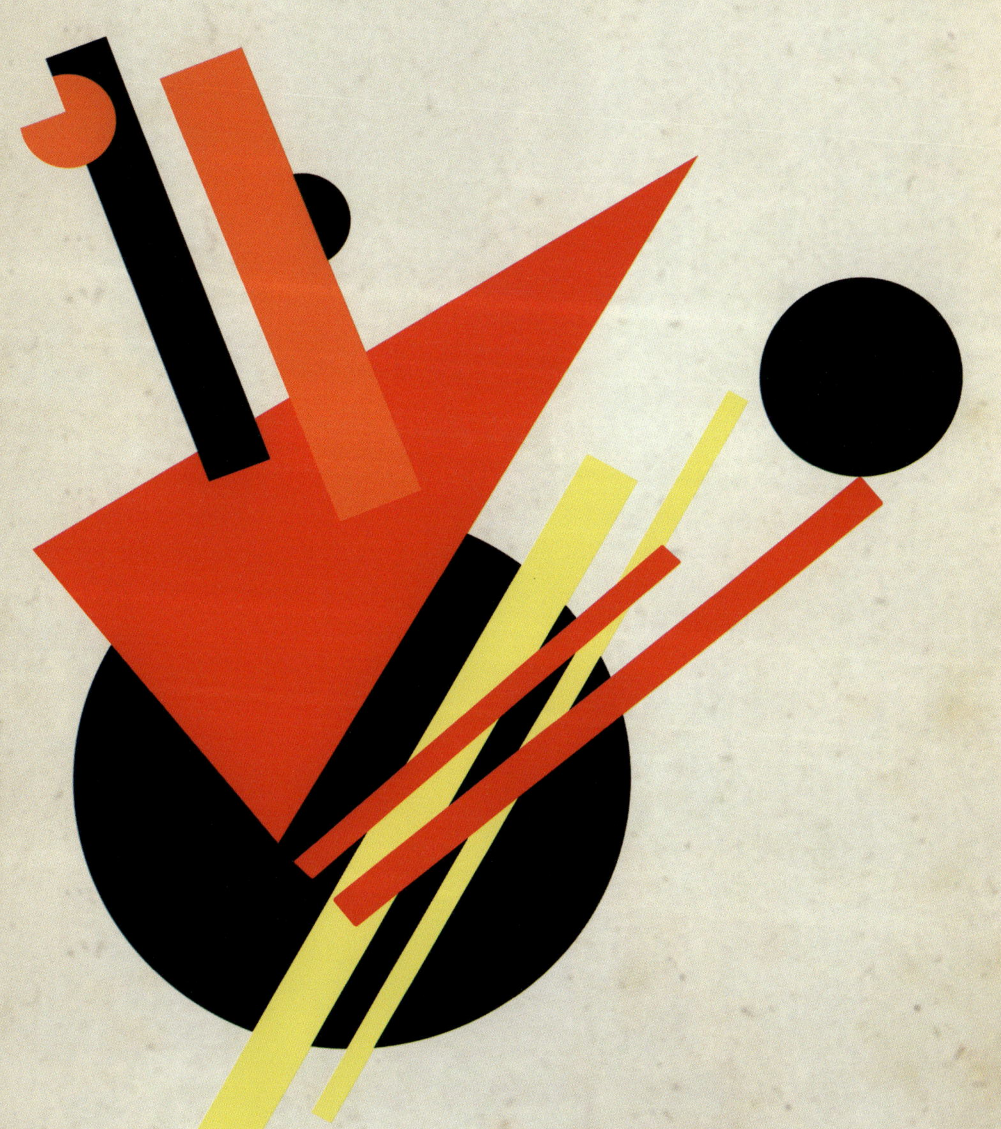

7 Collage minimalista: Encuentra la Belleza en la Simplicidad

Minimalist Collage: Finding Beauty in Simplicity

El collage minimalista es una forma de arte que enfatiza la simplicidad, reduciendo los componentes a su esencia más pura. Inspirado en la filosofía minimalista de "menos es más", este estilo busca la abstracción y la máxima sencillez, utilizando los materiales de manera directa y mínima. Los colores puros y las superficies monocromáticas predominan, y la interacción de diferentes materiales o texturas se utiliza para contrastar sus características físicas.

En este ejercicio vamos a trabajar con tan solo dos elementos, además utilizaremos el espacio blanco del lienzo como un elemento clave en la composición porque guiará al espectador a través de la obra sin distracciones.

Deberás asegurarte de que tu collage tenga una gran precisión y limpieza en el acabado para reflejar el purismo estructural que buscamos.

Minimalist collage is an art form that emphasizes simplicity, reducing components to their purest essence. Inspired by the minimalist philosophy of "less is more," this style seeks abstraction and maximum simplicity, using materials in a direct and minimal manner. Pure colors and monochromatic surfaces predominate, and the interaction of different materials or textures is used to contrast their physical characteristics.

In this exercise, we will work with only two elements, and we will also use the white space of the canvas as a key element in the composition because it will guide the viewer through the work without distractions.

You must ensure that your collage has great precision and cleanliness in the finish to reflect the structural purism we are aiming for.

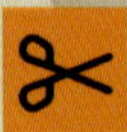 Escoge solo dos imágenes para el ejercicio. Puedes encontrar ejemplos en las páginas 95 y 97.

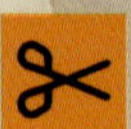 Choose only two images for the exercise. You can find examples on pages 95 and 97.

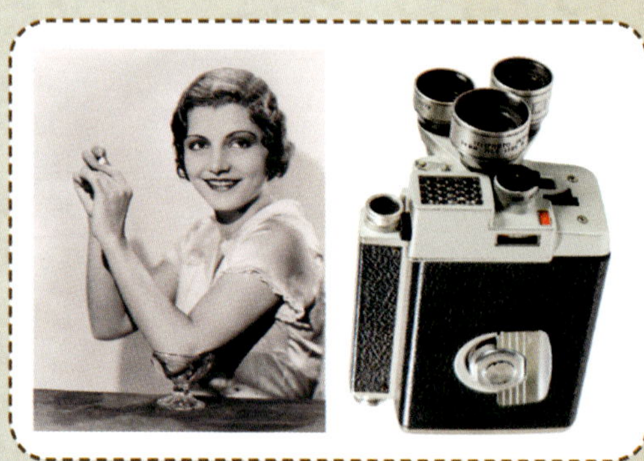

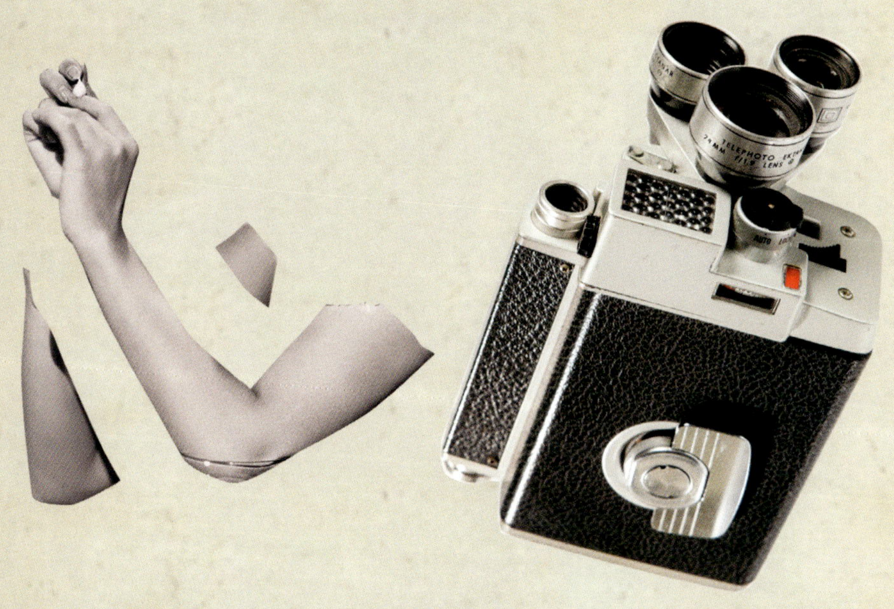

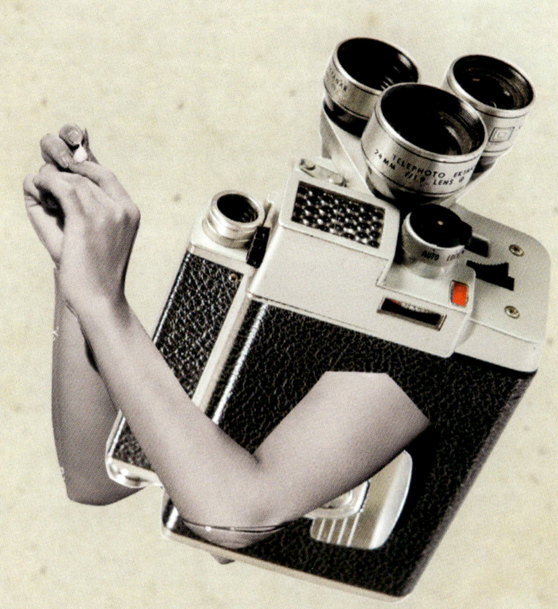

8 Collage Retro Futurista
Retrofuturistic Collage

El collage retro futurista, inspirado en este concepto artístico, crea una mezcla visual única al fusionar elementos vintage con ideas futuristas, invitando a explorar la interacción entre lo antiguo y lo moderno en el arte.

En este ejercicio de collage, crearás una obra combinando dos imágenes contrastantes: un fondo futurista con elementos como el universo, planetas y una nave espacial, y una imagen retro de la década de 1960. Este contraste entre estilos y colores de diferentes épocas resultará en una composición visual única y evocadora.

Retrofuturistic collage, inspired by this artistic concept, creates a unique visual blend by merging vintage elements with futuristic ideas, inviting exploration of the interaction between the old and the modern in art. In this collage exercise, you will create a piece by combining two contrasting images: a futuristic background with elements such as the universe, planets, and a spacecraft, and a retro image from the 1960s. This contrast between styles and colors from different eras will result in a unique and evocative visual composition.

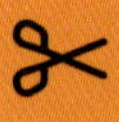

Para inspirarte y guiarte en este proyecto, consulta la página 99, donde encontrarás imágenes que te ayudarán a visualizar y crear tu propio collage retrofuturista. Esta actividad te permitirá experimentar con la yuxtaposición de elementos de diferentes épocas, explorando las posibilidades creativas del retrofuturismo.

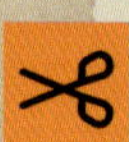

To inspire and guide you in this project, refer to page 99, where you will find images to help you visualize and create your own retrofuturistic collage. This activity will allow you to experiment with the juxtaposition of elements from different periods, exploring the creative possibilities of retrofuturism.

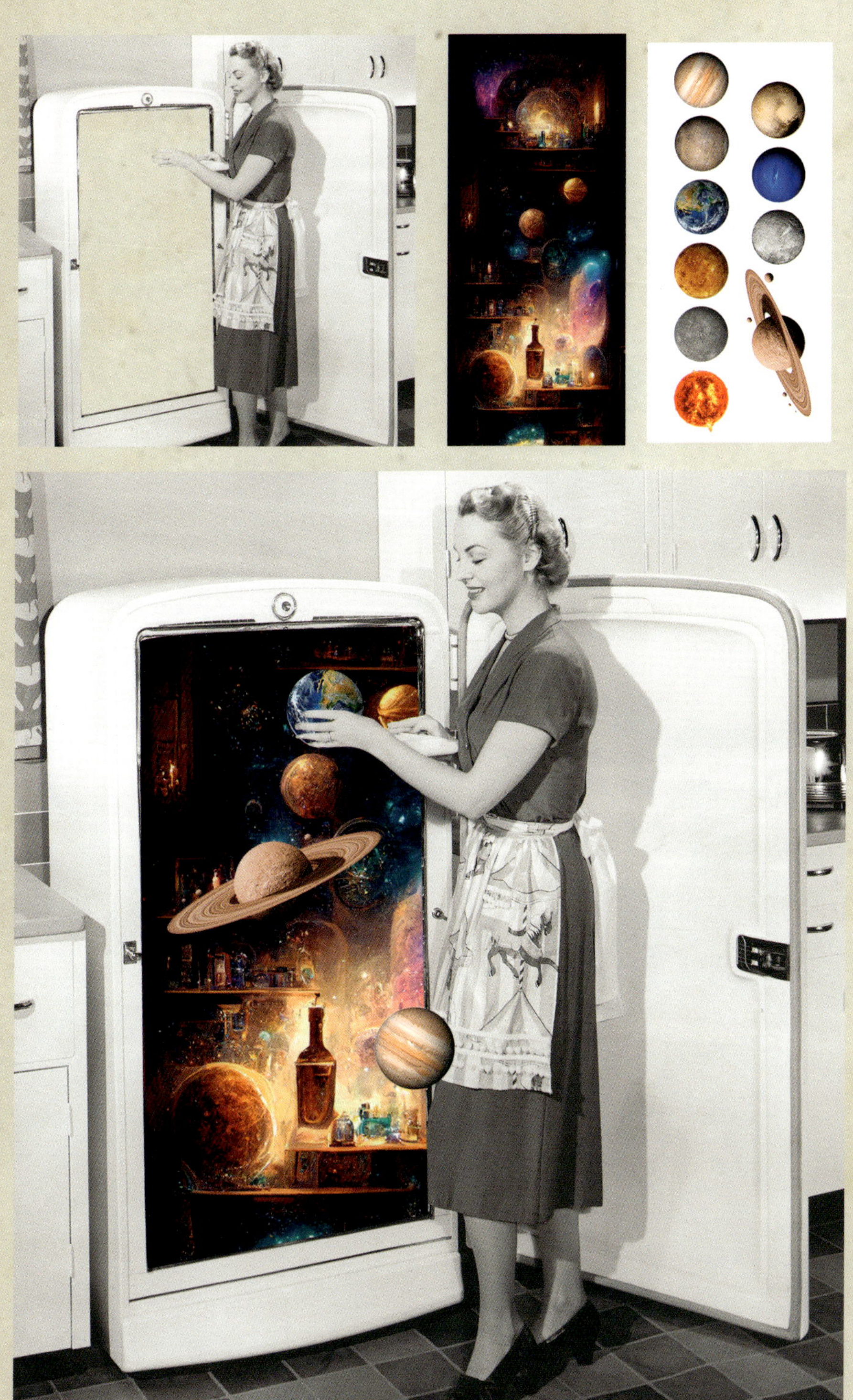

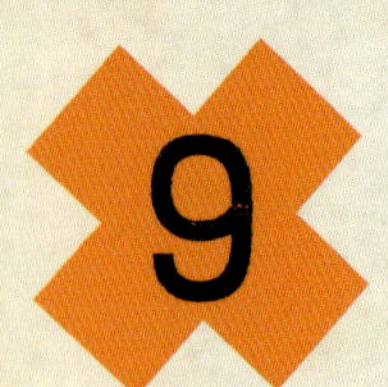

9 Collage Tridimensional
Three-Dimensional Collage

Un collage tridimensional es una obra de arte que combina objetos y materiales en tres dimensiones. Más allá de papel y fotografías, se utilizan elementos como madera, metal, vidrio, tela y otros objetos para añadir profundidad y textura a la obra.

A three-dimensional collage is an artwork that combines objects and materials in three dimensions. Beyond paper and photographs, elements such as wood, metal, glass, fabric, and other objects are used to add depth and texture to the work.

Materiales Necesarios

- 1 caja de fósforos grande (vacía)
- Fotografías de las páginas 101 y 103
- Una hoja seca
- Cinta de carrocero

Materials Needed

- 1 large matchbox (empty)
- Photographs from pages 101 and 103
- One dry leaf
- Masking tape

Instrucciones

1. **Forrar la tapa:** Comienza forrando la tapa de la caja de fósforos con los recortes de la página 101.

Instructions

1. **Cover the lid:** Begin by covering the lid of the matchbox with cutouts from page 101.

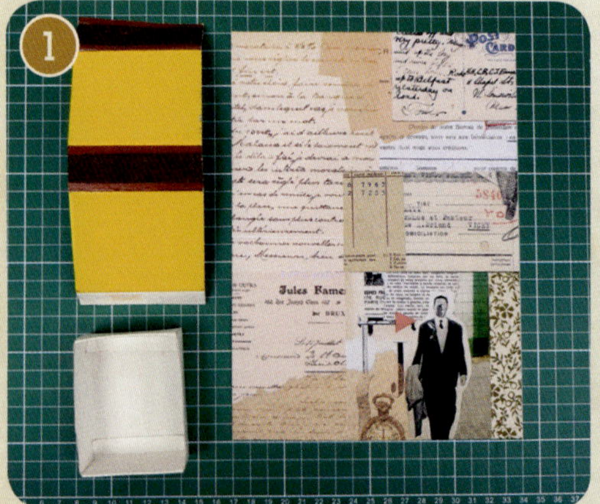

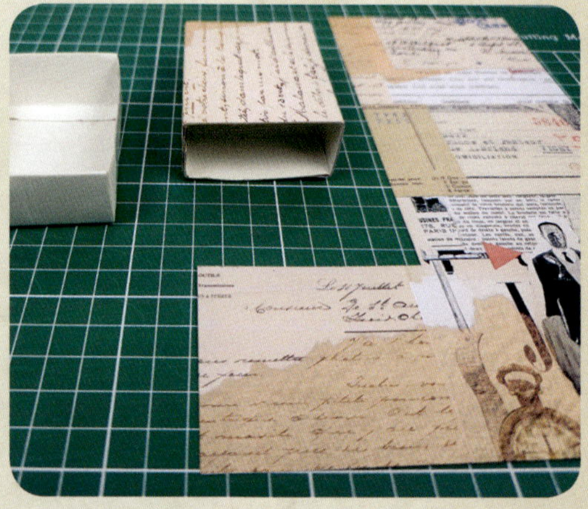

2. **Forrar el interior:** Corta una tira rectangular para forrar el interior de la caja.

3. Coloca la fotografía en el fondo de la caja.

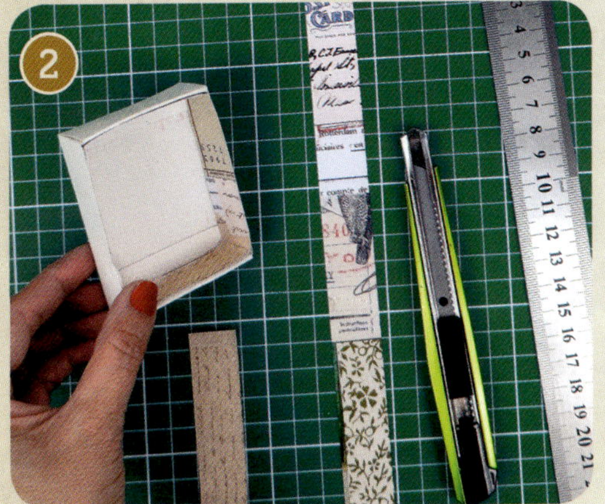

2. **Line the interior:** Cut a rectangular strip to line the interior of the box.

3. Place the photograph at the bottom of the box.

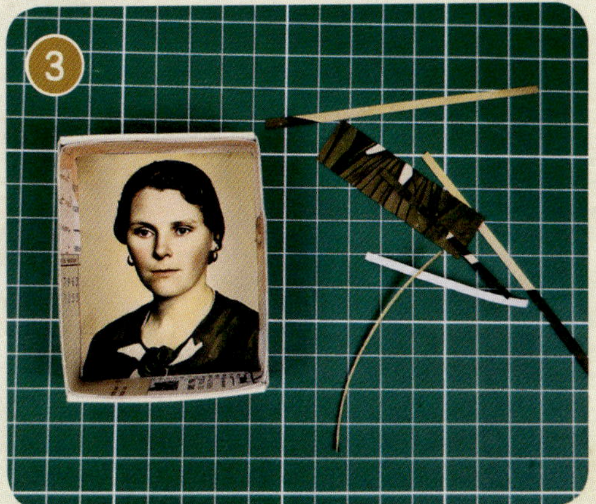

4. **Añade un elemento tridimensional:** En este paso, utilizaremos hojas secas para añadir una dimensión tridimensional a nuestro collage. Como puedes ver en las imágenes, aplica un poco de pegamento líquido sobre las hojas con un pincel. Si lo prefieres, también puedes usar cinta de carrocero para adherirlas, ya que su textura y color complementan bien las fotografías.

4. **Add a three-dimensional element:** In this step, we will use dry leaves to add a three-dimensional dimension to our collage. As you can see in the images, apply a little liquid glue to the leaves with a brush. Alternatively, you can also use masking tape to adhere them, as their texture and color complement the photographs well.

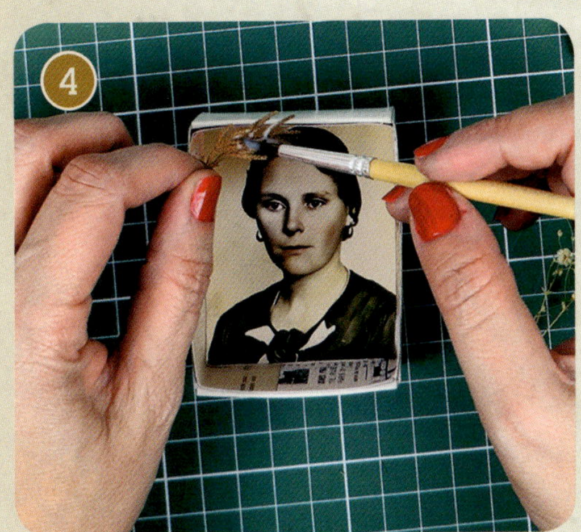

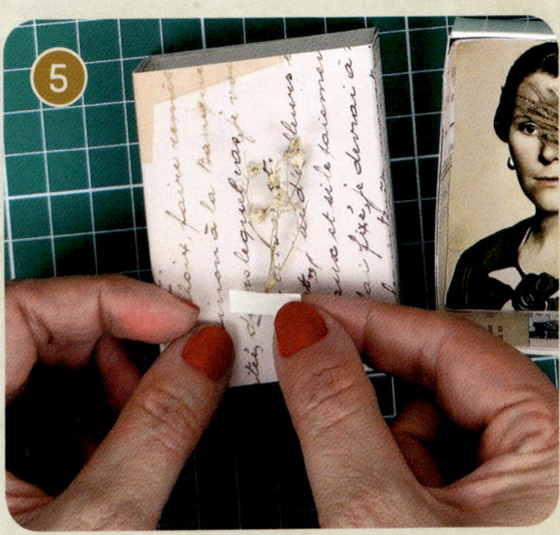

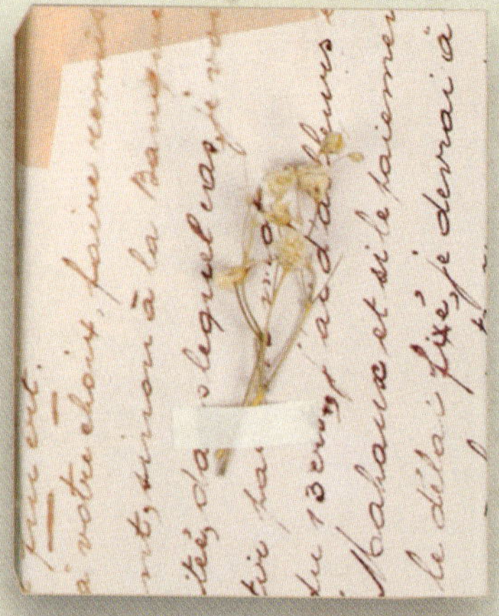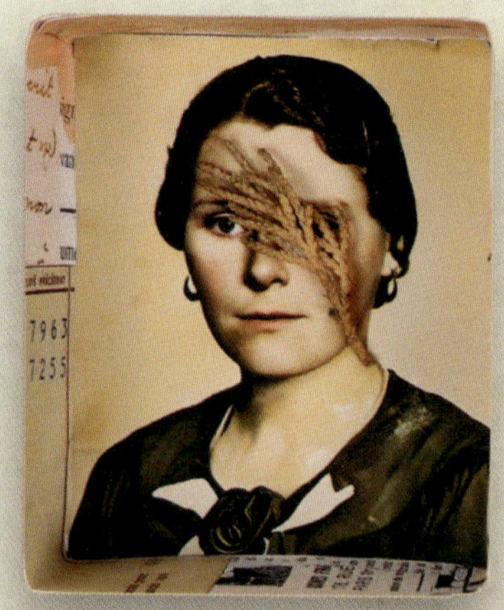

El resultado de este ejercicio es una pieza de poesía visual: una caja que simboliza el otoño de los recuerdos, uniendo elementos del pasado con la profundidad tridimensional.

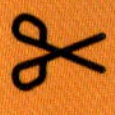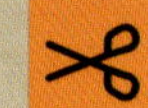

The result of this exercise is a piece of visual poetry: a box symbolizing the autumn of memories, uniting elements of the past with three-dimensional depth.

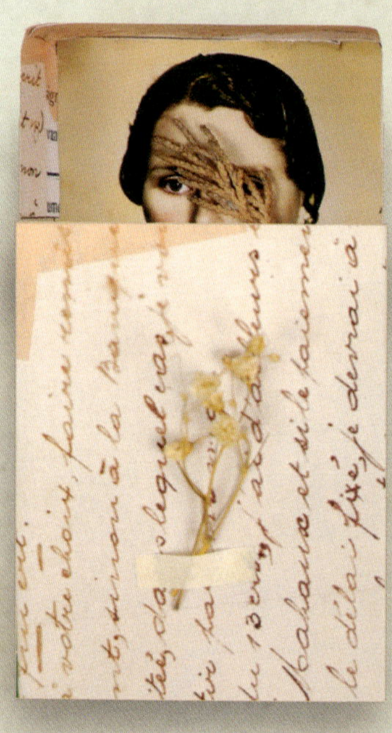

10 Decollage
Decollage

El decollage es una técnica artística que surgió en los años cincuenta y consiste en la creación de obras a partir de carteles publicitarios rasgados y desgastados. Popular en Francia, Norteamérica, Italia y Alemania, los decollages originales se realizaban sobre carteles pegados en muros, donde el artista arrancaba y raspaba capas para revelar imágenes ocultas, creando efectos similares a la pintura abstracta. Esta técnica, caracterizada por su ironía y provocación, implica la intervención del tiempo y los efectos ambientales, como la lluvia, en la obra final.

Materiales Necesarios

- ✂ De fondo, elige una cartulina con un gramaje alto para asegurar que resista las múltiples capas del collage.

- ✂ Utiliza la foto de la página 105 como uno de tus elementos principales.

- ✂ Recolecta páginas de revistas viejas que puedas utilizar para añadir capas y textura a tu collage.

El decollage consiste en eliminar capas de una composición. El resultado siempre queda al azar. No olvides dejar secar bien tus recortes antes de comenzar el decollage.

Decollage is an artistic technique that emerged in the 1950s and involves creating works from torn and weathered advertising posters. Popular in France, North America, Italy, and Germany, original decollages were made on posters pasted on walls, where the artist would tear and scrape layers to reveal hidden images, creating effects similar to abstract painting. This technique, characterized by its irony and provocation, involves the intervention of time and environmental effects, such as rain, in the final work.

Materials Needed

- ✂ For the background, choose heavy cardstock to ensure it withstands the multiple layers of the collage.

- ✂ Use the photo from page 105 as one of your main elements.

- ✂ Gather pages from old magazines that you can use to add layers and texture to your collage.

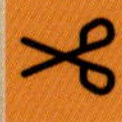

Decollage involves removing layers from a composition. The result is always random. Don't forget to let your cutouts dry well before starting the decollage.

1. En un recipiente añade un poco de agua para ir mojando la brocha antes de aplicar el pegamento.
2. Selecciona varias imágenes: busca contrastes de colores y texturas.

1. In a container, add a little water to moisten the brush before applying the glue.
2. Select several images: look for contrasts of colors and textures.

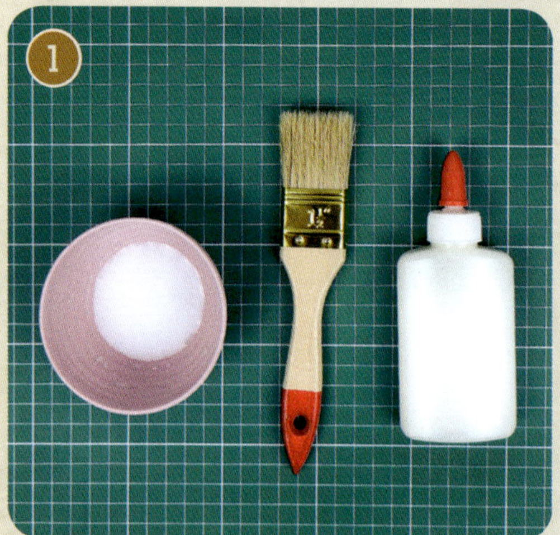

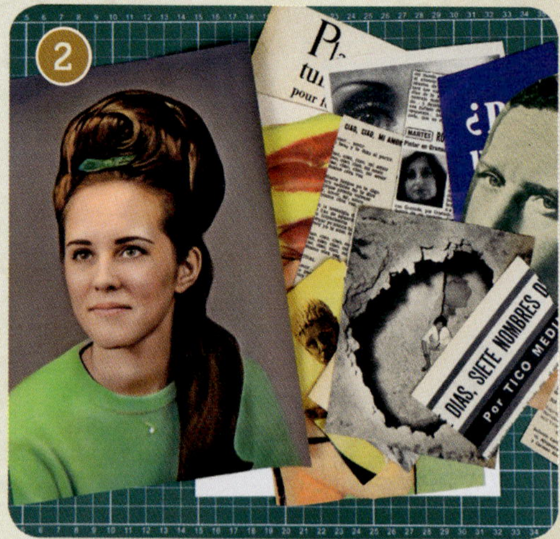

3. Aplica una capa de pegamento sobre cada recorte con ayuda de una brocha, hasta completar todo el lienzo. Finaliza el collage con la imagen principal.
4. Deja secar las capas de pegamento unas horas. Una vez seco, comienza a arrancar y raspar cuidadosamente áreas del cartel para revelar los recortes inferiores.

3. Apply a layer of glue to each cutout with the help of a brush, until the entire canvas is covered. Finish the collage with the main image.
4. Let the layers of glue dry for a few hours. Once dry, begin to tear and scrape carefully areas of the poster to reveal the lower cutouts.

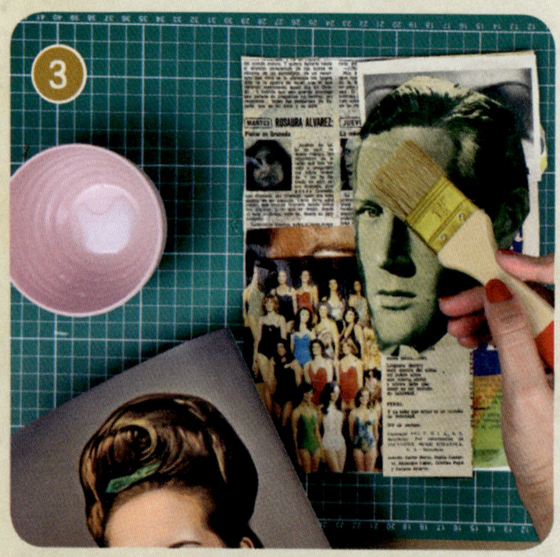

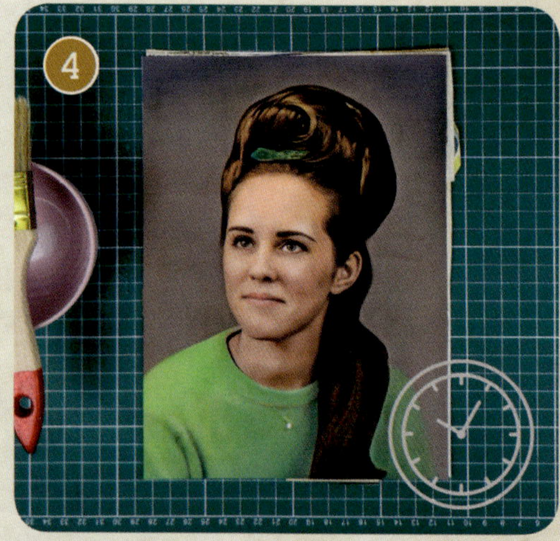

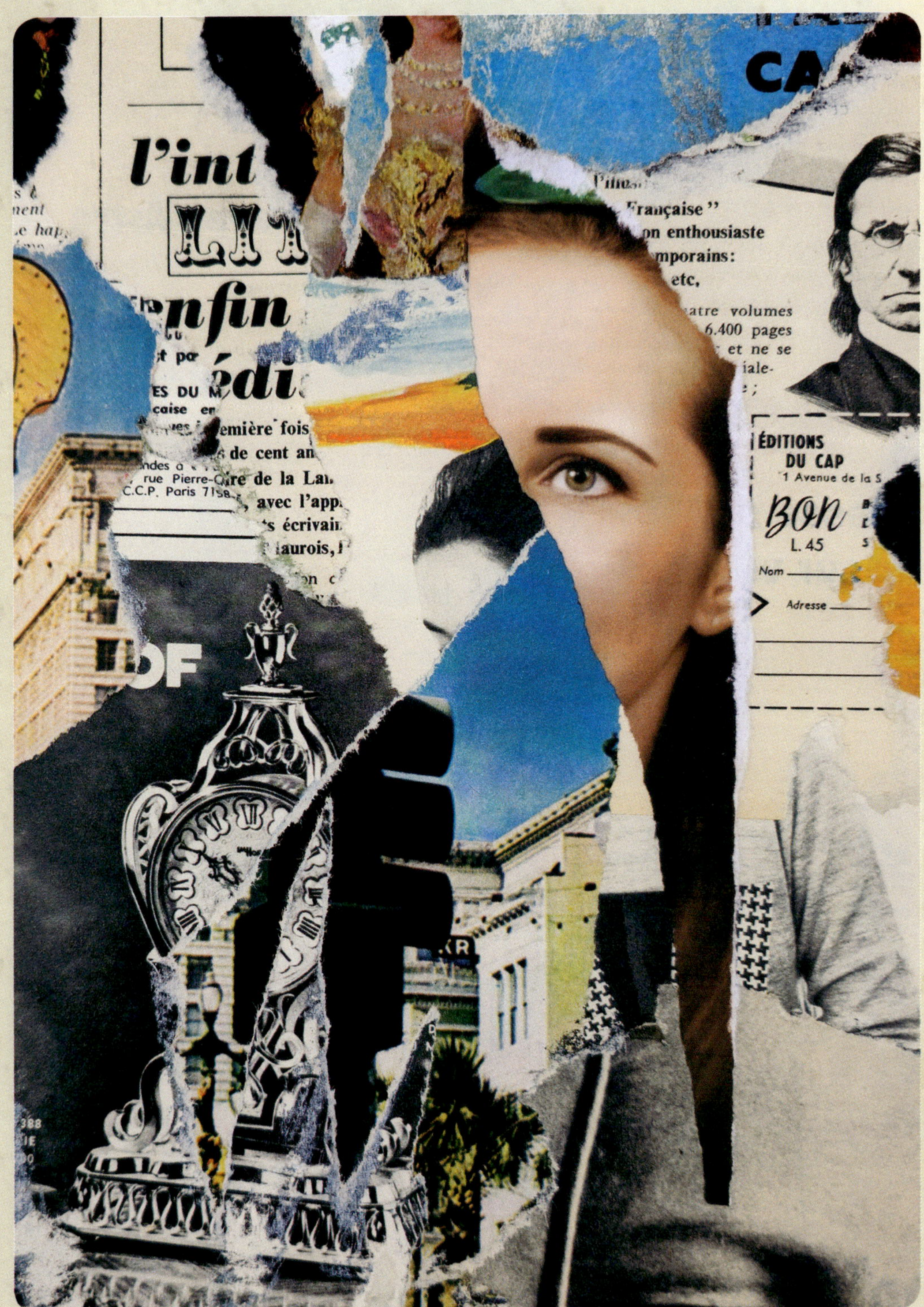
l'int
LI
nfin
édi
ÉDITIONS
DU CAP
1 Avenue de la S
BON
L. 45
Nom
Adresse
CA
Française "
on enthousiaste
mporains:
etc,
atre volumes
6.400 pages
et ne se
iale-
OF

Capítulo 2.
Soy un Collage
Chapter 2. I Am a Collage

En este capítulo, nos adentraremos en el mundo de la creación de personajes a través del collage. Te mostraré cómo dar vida a personajes únicos y cautivadores, combinando diferentes elementos y conceptos. Desde figuras misteriosas hasta criaturas coloridas, aprenderás a ensamblar personalidades y formas, transformando simples recortes en historias visuales llenas de carácter.

In this chapter, we will delve into the world of character creation through collage. I will show you how to bring unique and captivating characters to life by combining different elements and concepts. From mysterious figures to colorful creatures, you will learn to assemble personalities and forms, transforming simple cutouts into visual stories full of character.

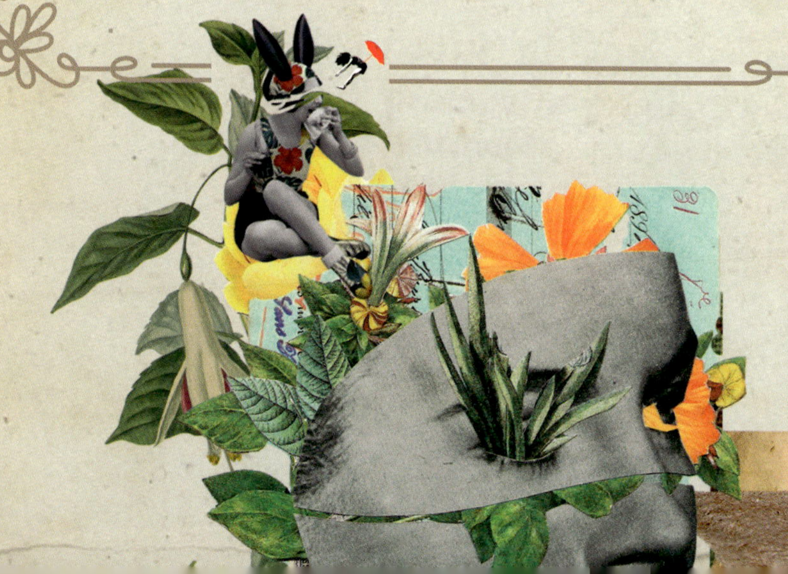

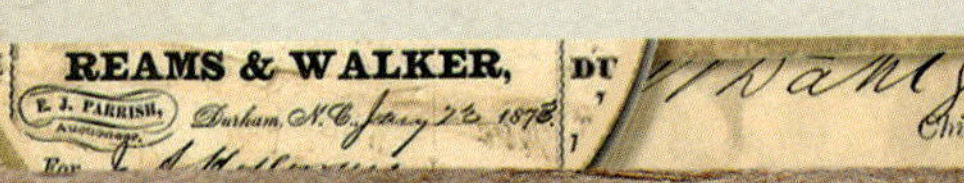

11 Monstruos entre Nosotros
Monsters Among Us

En este ejercicio, desafiaremos las convenciones y exploraremos la creación de personajes únicos al estilo DADA, inspirándonos en Hanna Höch, una figura emblemática del Dadaísmo. La tarea consiste en construir un personaje disruptivo, que rompa con los moldes tradicionales, mediante la técnica del collage.

In this exercise, we will challenge conventions and explore the creation of unique characters in the DADA style, inspired by Hanna Höch, an emblematic figure of Dadaism. The task is to construct a disruptive character that breaks with traditional molds using the collage technique.

Instrucciones

1. Crea tu monstruo collage combinando partes de diferentes imágenes. No te limites a la proporción o la estética convencional; por ejemplo, considera usar una cabeza desproporcionadamente grande en comparación con el cuerpo.

Instructions

1. Create your collage monster by combining parts from different images. Do not limit yourself to conventional proportions or aesthetics; for example, consider using a disproportionately large head compared to the body.

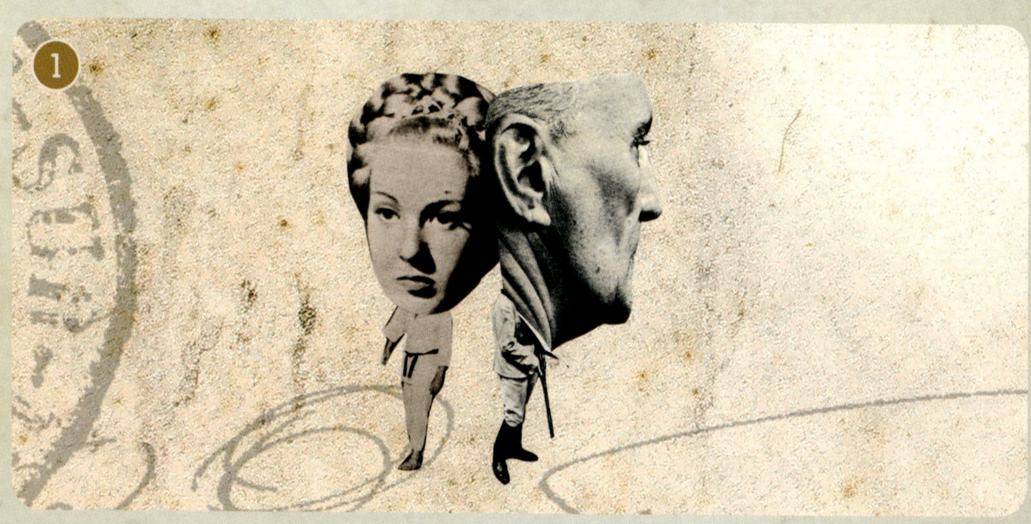

Monstruo 1. Cabeza desproporcionada

Monster 1: Disproportionate Head

2. Experimenta con ojos y bocas tomados de otras fotografías, buscando contrastes sorprendentes o inesperados.

2. Experiment with eyes and mouths taken from other photographs, looking for surprising or unexpected contrasts.

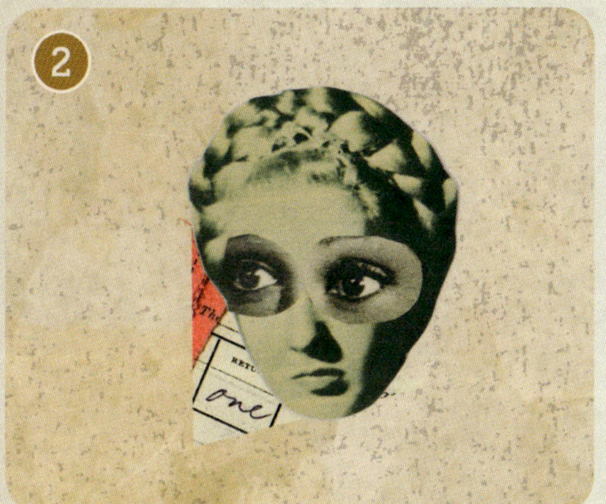

Monstruo 2. Cabeza compuesta

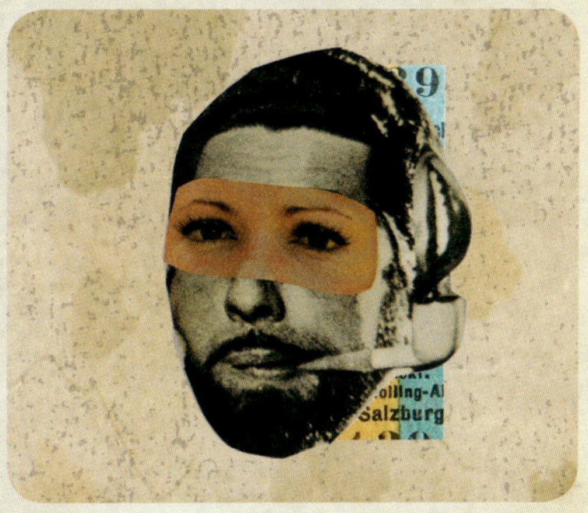

Monster 2: Composite Head

3. Otra forma de crear un personaje DADA es combinando personas con objetos; la clave está en olvidar los patrones estéticos normativos y jugar con elementos de distintos tamaños y orígenes.

3. Another way to create a DADA character is by combining people with objects; the key is to forget normative aesthetic patterns and play with elements of different sizes and origins.

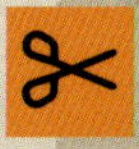

Este ejercicio no sólo pone a prueba tu creatividad, sino que también te invita a cuestionar y expandir tu comprensión de lo que constituye la forma y la belleza en el arte.

This exercise not only tests your creativity but also invites you to question and expand your understanding of what constitutes form and beauty in art.

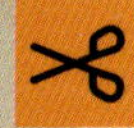

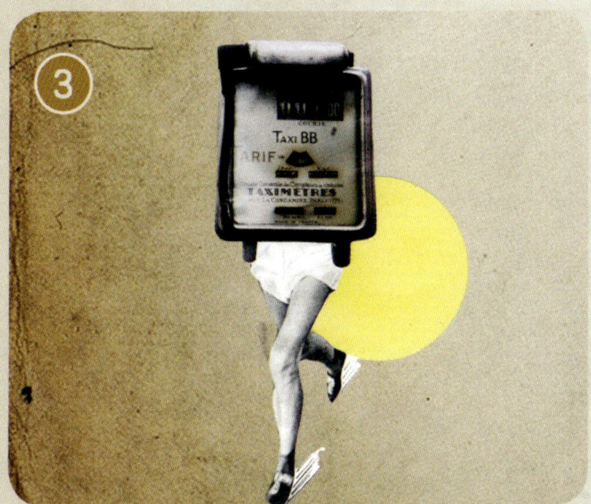

Monstruo 3. Humano + objeto

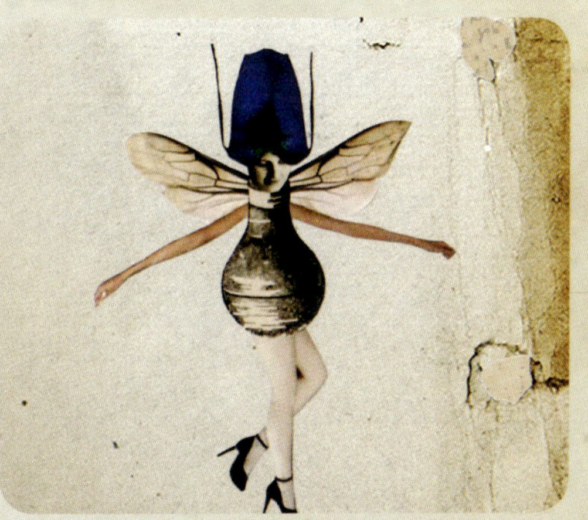

Monster 3: Human + Object

12 Explosión de Color: Collage
Color Explosion: Collage

Este ejercicio te invita a experimentar con el contraste vibrante que se logra al integrar elementos coloridos en una fotografía en blanco y negro. La técnica, simple pero impactante, utiliza el confeti para añadir una explosión de color a una imagen monocromática, creando una obra de arte única y alegre.

This exercise invites you to experiment with the vibrant contrast achieved by integrating colorful elements into a black and white photograph. The technique, simple yet striking, uses confetti to add a burst of color to a monochromatic image, creating a unique and cheerful artwork.

Instrucciones

1. Utiliza una perforadora para crear confeti a partir de las cartulinas de colores. Cuantos más colores y más cantidad de confeti generes, más vibrante será el resultado.
2. Recorta cuidadosamente la cabeza del personaje principal en la fotografía en blanco y negro (página 109). Esto creará un espacio vacío que será el centro de tu collage.

Instructions

1. Use a hole punch to create confetti from colored cardstock. The more colors and confetti you generate, the more vibrant the result will be.
2. Carefully cut out the head of the main character in the black and white photograph (page 109). This will create an empty space that will be the center of your collage.

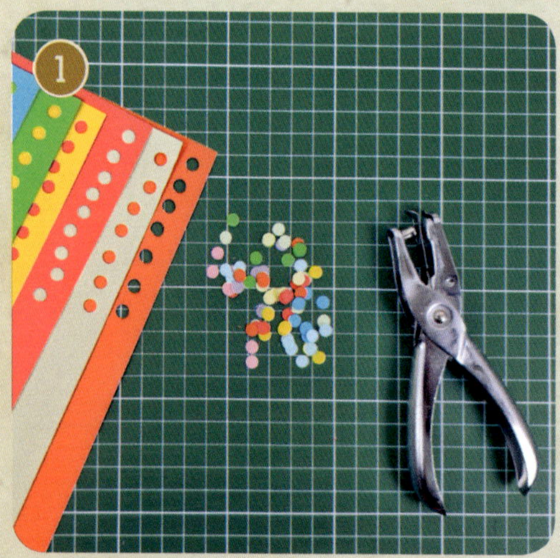

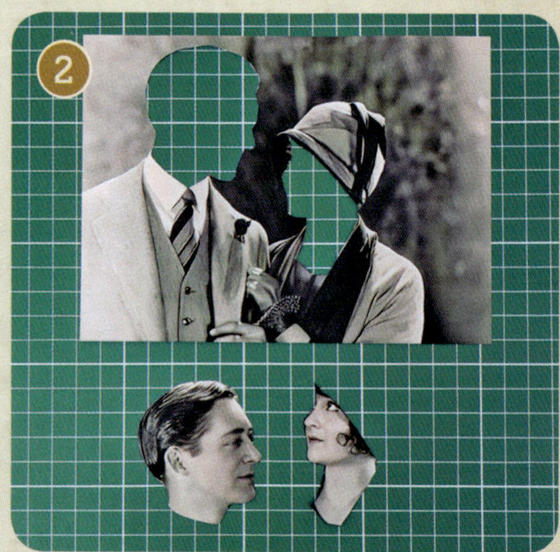

3. Rellena el espacio vacío dejado por la cabeza recortada con el confeti de colores. Puedes esparcirlos de manera uniforme o crear patrones específicos, dependiendo de tu preferencia.

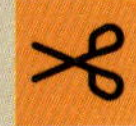

Este collage no solo es una manera divertida de explorar el contraste y la composición, sino que también actúa como una forma de terapia visual. La mezcla de la sobriedad del blanco y negro con la alegría del confeti de colores puede ayudarte a relajarte y a encontrar inspiración cuando te falle la creatividad.

3. Fill the empty space left by the cut-out head with the colorful confetti. You can scatter them evenly or create specific patterns, depending on your preference.

This collage is not only a fun way to explore contrast and composition but also acts as a form of visual therapy. The mixture of the sobriety of black and white with the joy of colorful confetti can help you relax and find inspiration when creativity fails you.

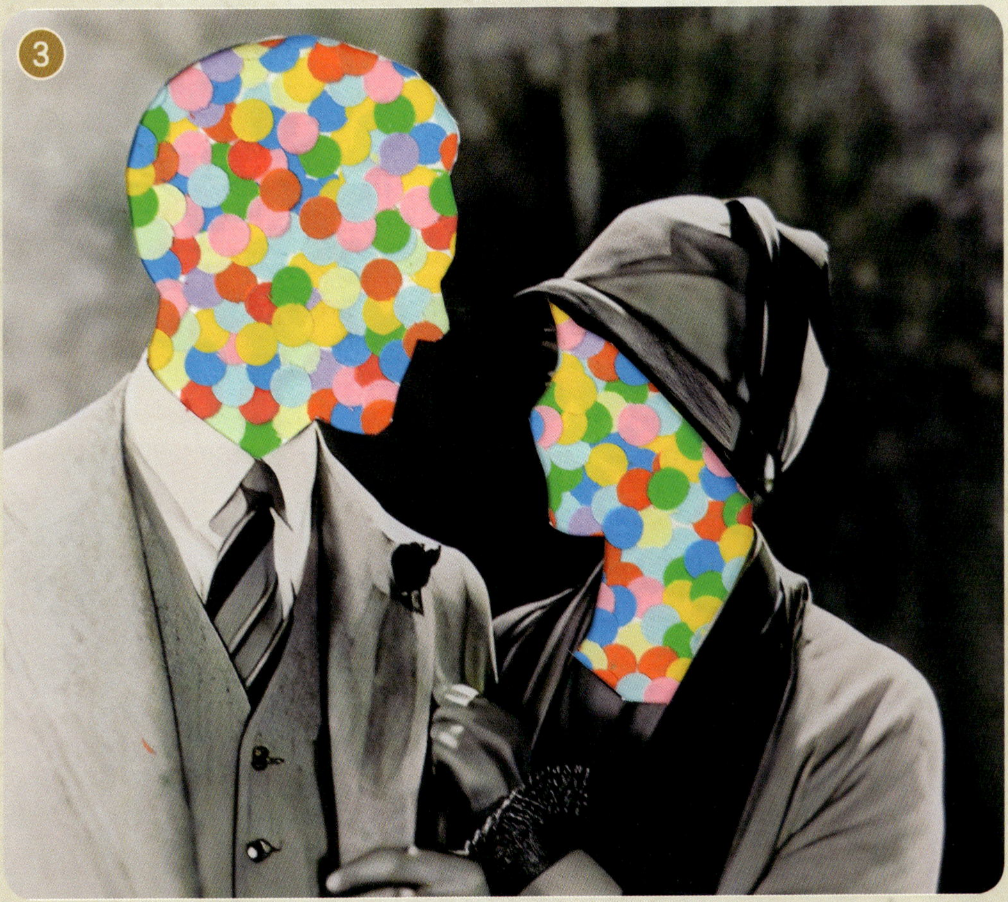

13 Jardín Secreto: Collage Floral
Secret Garden: Floral Collage

Te invito a sumergirte en la belleza y la versatilidad de las flores para crear una obra de arte que transmita emociones positivas a través de un collage floral. Reemplazar la cabeza de una persona con un arreglo de flores no solo transforma la imagen, sino que también infunde en ella un nuevo significado, evocando sentimientos de amor, alegría y agradecimiento.

Esta técnica la utilizo a menudo en mis collages y consiste en reemplazar parte de la cara o la cabeza completa por flores. El ejemplo que ves en esta página pertenece a mi serie 'Ser poesía'.

I invite you to immerse yourself in the beauty and versatility of flowers to create a work of art that conveys positive emotions through a floral collage. Replacing a person's head with a floral arrangement not only transforms the image but also infuses it with new meaning, evoking feelings of love, joy, and gratitude.

I often use this technique in my collages, which involves replacing part of the face or the entire head with flowers. The example you see on this page is from my 'Being Poetry' series.

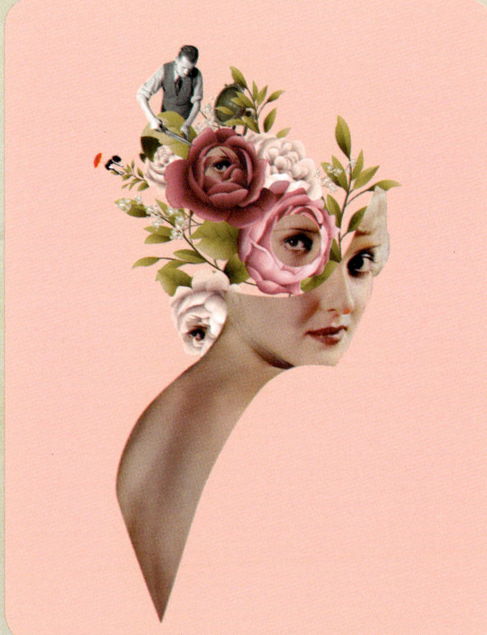

Collage by Adriana Bermúdez, 2021

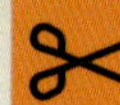

Para lograr armonía en tu composición y asegurarte de que las flores se integren naturalmente como parte de tu personaje, juega con los tamaños y las direcciones de las flores. La idea es construir un arreglo que, a primera vista, armonice con el cuerpo y parezca una extensión natural del mismo.

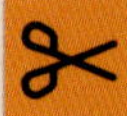

To achieve harmony in your composition and ensure that the flowers blend naturally as part of your character, play with the sizes and directions of the flowers. The idea is to build an arrangement that, at first glance, harmonizes with the body and appears as a natural extension of it.

1. En este ejercicio, he empleado las flores de la página 111 y una de las imágenes de la página 109.
2. Observa cómo he recortado la cabeza para que las flores se ajusten mejor a la imagen.

1. For this exercise, I have used the flowers from page 111 and one of the images from page 109.
2. Notice how I have cut out the head so that the flowers fit better into the image.

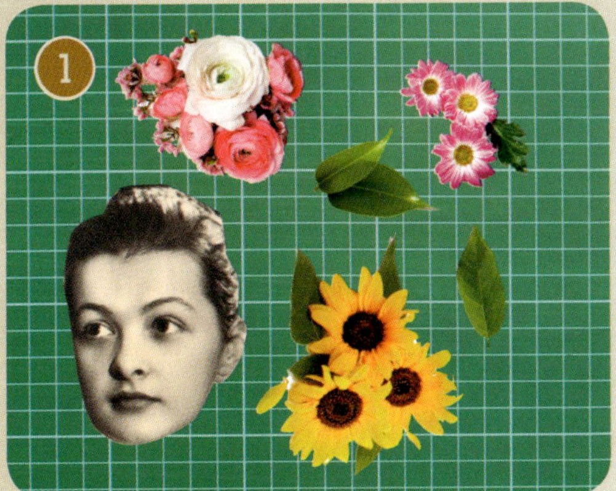

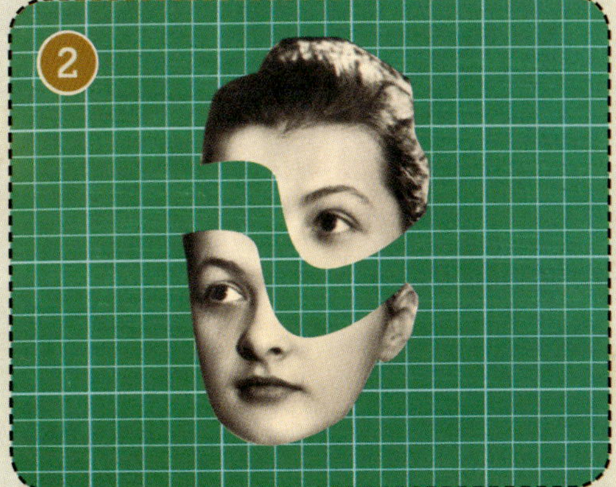

3. Al posicionar las flores, intenta crear la ilusión de que ellas conforman una nueva cabeza.

3. When positioning the flowers, try to create the illusion that they form a new head.

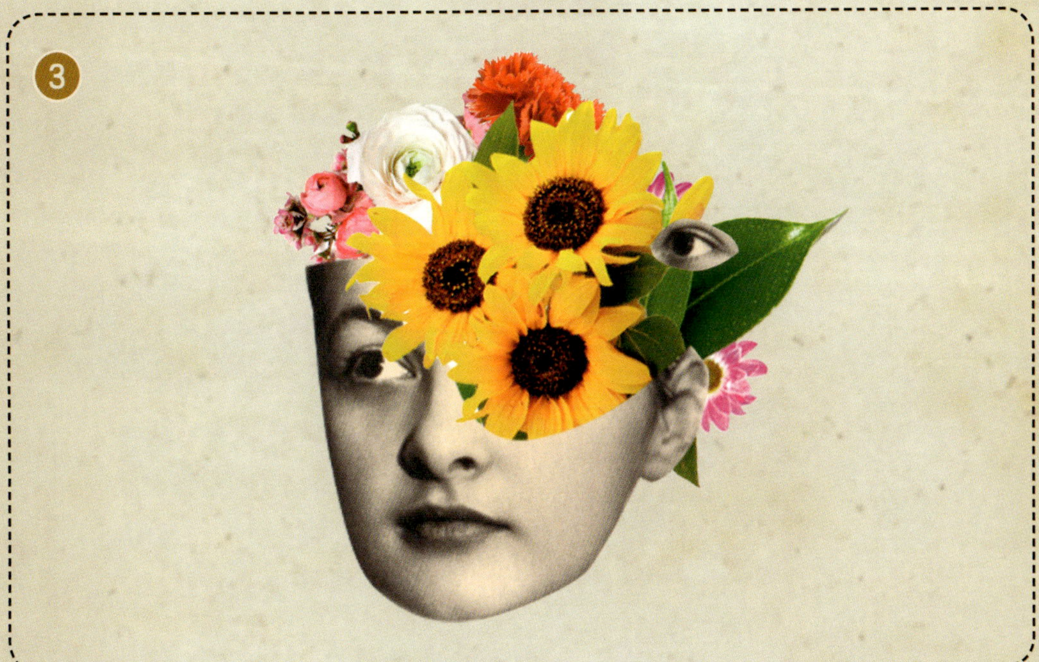

14 Soy un Tipo con Personalidad: Collage Tipográfico

I Am a Personality Type: Typographic Collage

En este ejercicio, te sumergirás en el mundo de la tipografía a través de un enfoque creativo con collage. Utilizando recortes de diversos materiales, crearás letras del alfabeto que reflejen tu estilo y creatividad. Esta actividad no solo estimula tu imaginación, sino que también te invita a observar detenidamente las formas y las estructuras que componen los caracteres tipográficos.

In this exercise, you will immerse yourself in the world of typography through a creative approach with collage. Using cutouts from various materials, you will create alphabet letters that reflect your style and creativity. This activity not only stimulates your imagination but also invites you to carefully observe the shapes and structures that make up typographic characters.

Instrucciones

1. Utiliza un lápiz para dibujar la forma de la letra A sobre el papel; este dibujo te servirá de guía.
2. Busca elementos que se ajusten a las direcciones y curvas de la letra que has elegido. Estos elementos pueden variar en textura, color y tamaño, lo que añadirá interés visual a tu composición.

Instructions

1. Use a pencil to draw the shape of the letter A on the paper; this drawing will serve as your guide.
2. Look for elements that fit the directions and curves of the letter you have chosen. These elements can vary in texture, color, and size, adding visual interest to your composition.

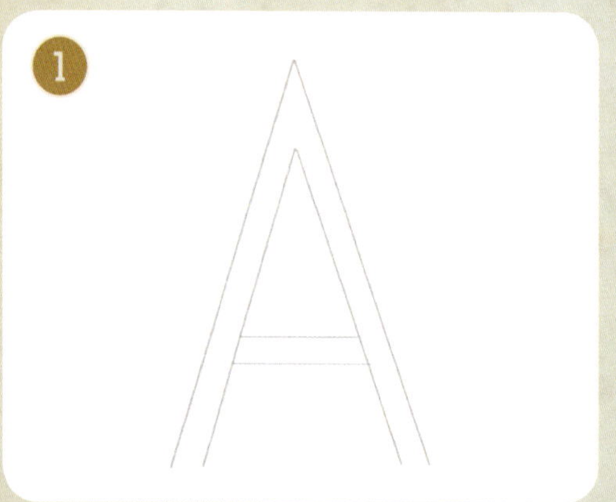

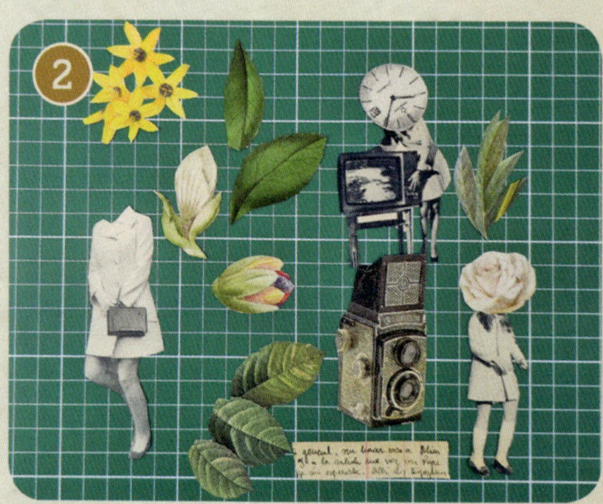

3. Recorta cuidadosamente estos elementos y comienza a pegarlos sobre el contorno de la letra, siguiendo la forma que dibujaste previamente. Experimenta con la disposición y la superposición de los recortes para crear una letra rica en detalles y texturas.

3. Carefully cut out these elements and begin to glue them onto the outline of the letter, following the shape you drew earlier. Experiment with the arrangement and overlapping of the cutouts to create a letter rich in details and textures.

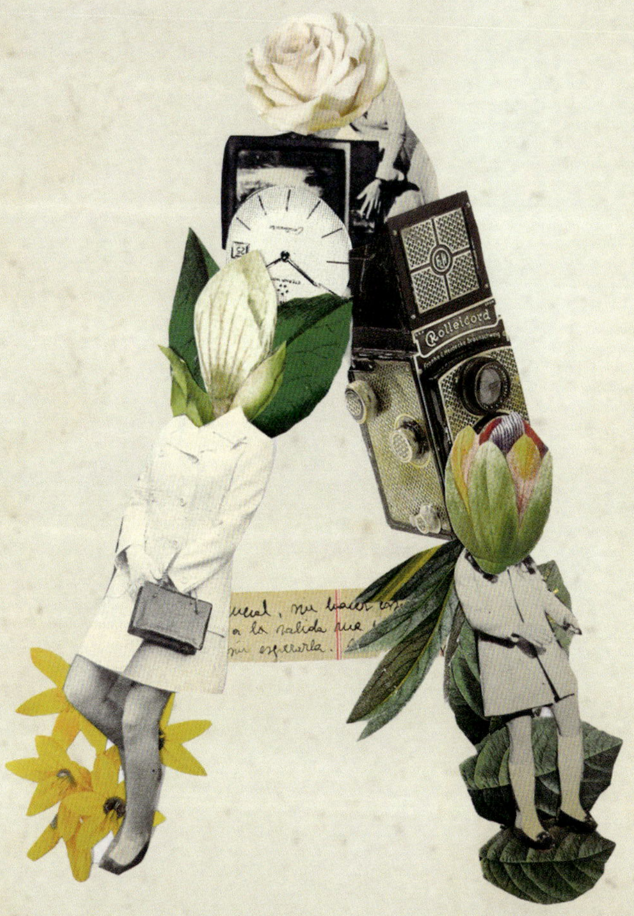

Una vez que hayas terminado tu primera letra, continúa con el resto del alfabeto. Aunque este paso puede parecer desafiante, verás cómo cada letra te brinda la oportunidad de explorar nuevas composiciones y cómo el conjunto del abecedario se convierte en una serie tipográfica única y personal.

Once you have finished your first letter, continue with the rest of the alphabet. Although this step may seem challenging, you will see how each letter gives you the opportunity to explore new compositions and how the alphabet as a whole becomes a unique and personal typographic series.

15 Misterio: Collage de Siluetas
Mystery: Silhouette Collage

Este ejercicio te invita a explorar cómo una silueta puede agregar una dimensión de misterio y profundidad a tu arte. A diferencia del enfoque tradicional de collage, que frecuentemente descarta las siluetas, aquí conservaremos tanto la figura recortada como su contorno vacío, permitiendo que el espectador complete la historia.

Instrucciones

1. Selecciona fotografías en las que las figuras humanas estén claramente delimitadas, facilitando su recorte y definición.
2. Recorta la silueta de la persona cuidadosamente, asegurándote de mantener intacta la forma negativa que queda en el papel.

This exercise invites you to explore how a silhouette can add a dimension of mystery and depth to your art. Unlike the traditional approach to collage, which often discards silhouettes, here we will retain both the cutout figure and its empty outline, allowing the viewer to complete the story.

Instructions

1. Select photographs in which human figures are clearly delimited, facilitating their cutting and definition.
2. Carefully cut out the silhouette of the person, making sure to keep the negative shape intact on the paper.

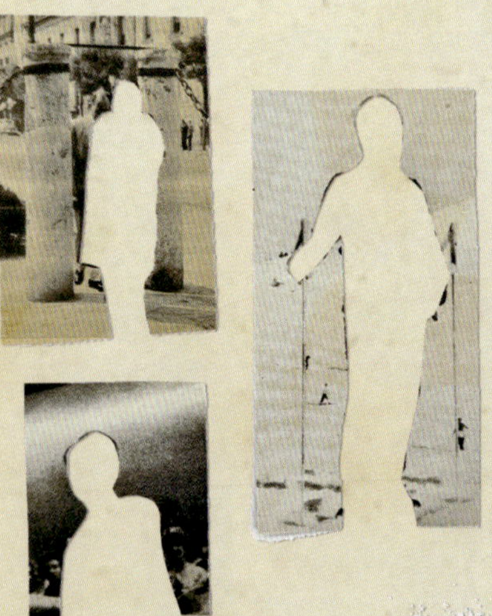

Este ejercicio no solo es un desafío técnico, sino que también te permite reflexionar sobre la narrativa visual y la interpretación. La silueta se convierte en una ventana a lo desconocido, invitando a la mente a imaginar lo que no se muestra y a completar la escena.

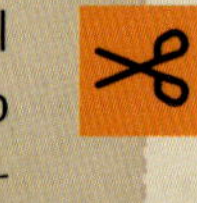
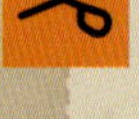

This exercise is not only a technical challenge but also allows you to reflect on visual narrative and interpretation. The silhouette becomes a window to the unknown, inviting the mind to imagine what is not shown and to complete the scene.

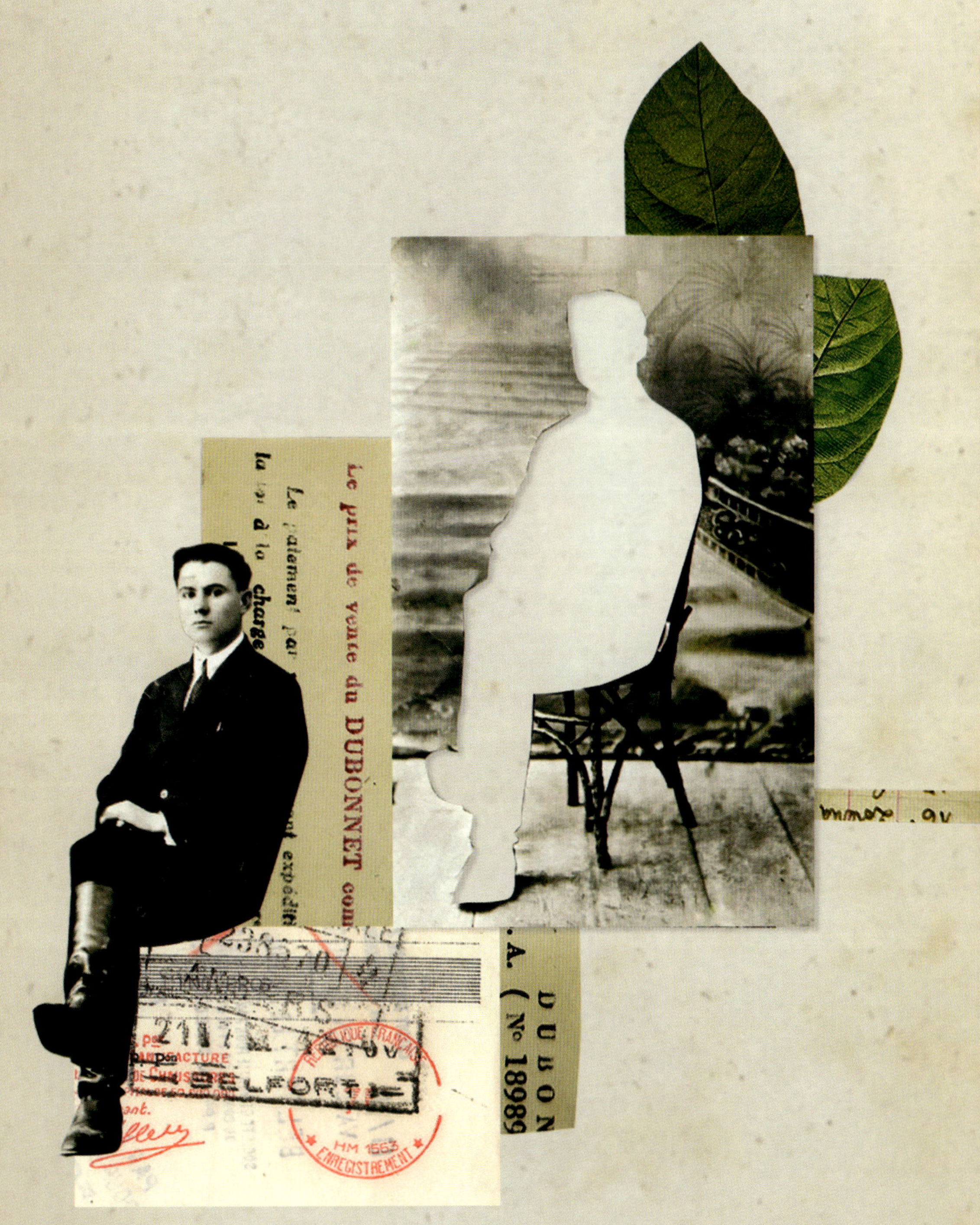

le prix de vente du DUBONNET
Le paiement par
la loi à la charge
DUBON
No 18989
RÉPUBLIQUE FRANÇAISE
ENREGISTREMENT
HM 1563

16 Composición en Dibujo y Papel
Composition in Drawing and Paper

Este ejercicio te desafía a combinar el collage con el dibujo para crear una composición mixta. Partiendo de una fotografía, eliminarás partes del cuerpo para luego completar la figura con dibujo, lo que te permite practicar tus habilidades de ilustración, sin importar tu nivel de destreza.

Instrucciones

1. Antes de recortar, traza la silueta completa del personaje utilizando papel vegetal. Esto te proporcionará una guía para el dibujo.
2. Recorta las partes de la imagen que desees conservar. Cuando se trate de una figura compleja, es mejor utilizar un cúter X-acto.

This exercise challenges you to combine collage with drawing to create a mixed composition. Starting from a photograph, you will remove parts of the body and then complete the figure with drawing, allowing you to practice your illustration skills, regardless of your level of proficiency.

Instructions

1. Before cutting, trace the complete silhouette of the character using tracing paper. This will provide you with a guide for drawing.
2. Cut out the parts of the image you wish to retain. When dealing with a complex figure, it is best to use an X-acto knife.

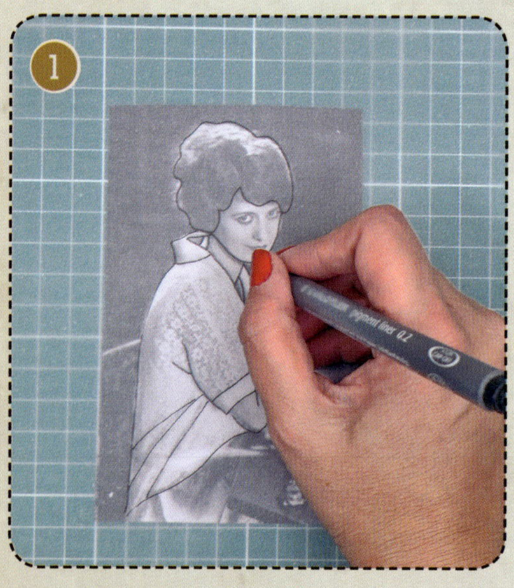

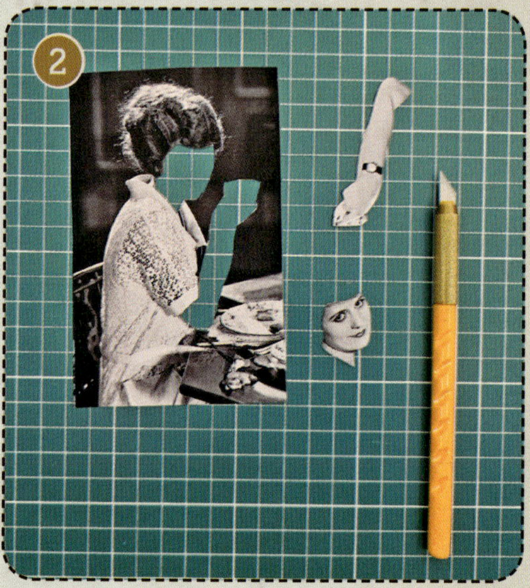

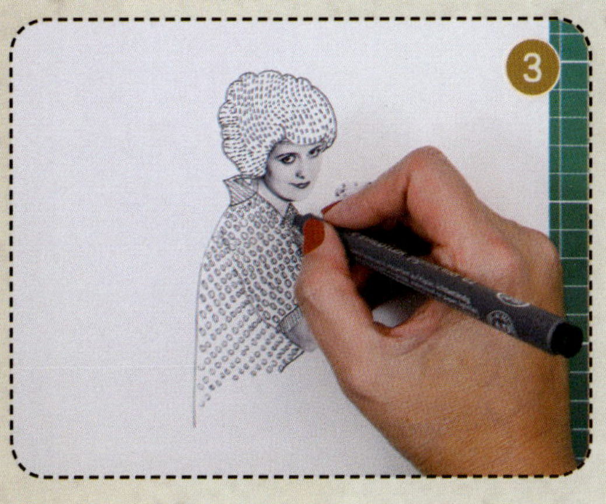

3. A continuación, utilizando el trazado previamente calcado, dibuja el resto de la silueta para completar la figura de manera coherente. Haz pruebas antes de pasar al papel donde vas a componer el collage.

3. Next, using the previously traced outline, draw the rest of the silhouette to complete the figure cohesively. Experiment before moving on to the paper where you will compose the collage.

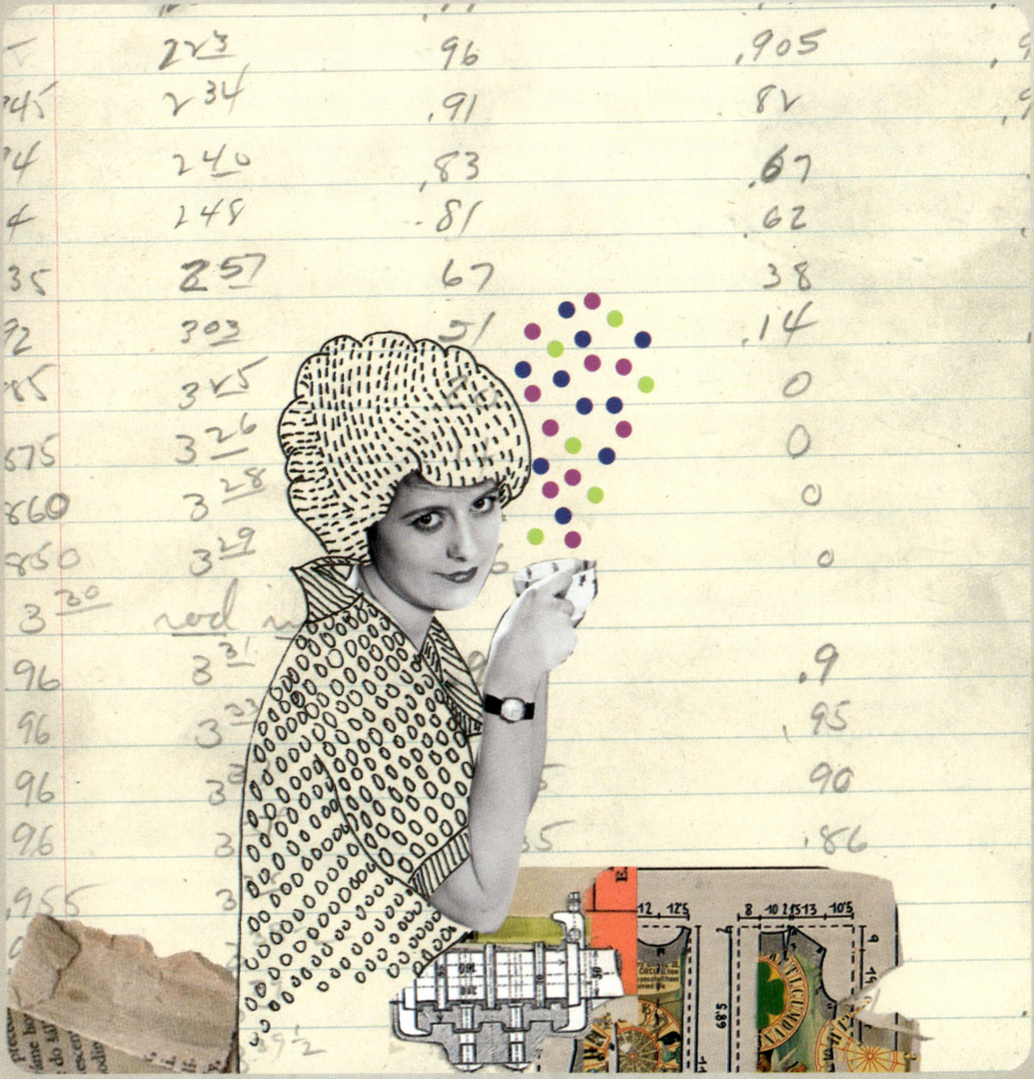

17 Enredados en Rojo: Collage con Hilos
Tangled in Red: Thread Collage

Este ejercicio de collage explora la narrativa visual al integrar el elemento del hilo rojo, un símbolo tradicionalmente asociado con el destino y la conexión. Al emplear este hilo en tu obra, tejerás una historia que trascienda la imagen y se conecte con el espectador de una manera más profunda y significativa.

Instrucciones

1. Utiliza hilo rojo, ya sea físico o dibujado, para crear líneas y formas que interactúen con la imagen seleccionada. Estas pueden ser abstractas o seguir patrones que complementen la composición. La imagen de este ejercicio se encuentra en la página 115.

This collage exercise explores visual narrative by integrating the element of the red thread, traditionally associated with destiny and connection. By employing this thread in your work, you will weave a story that transcends the image and connects with the viewer in a deeper and more meaningful way.

Instructions

1. Use red thread, either physical or drawn, to create lines and shapes that interact with the selected image. These can be abstract or follow patterns that complement the composition. The image for this exercise can be found on page 115.

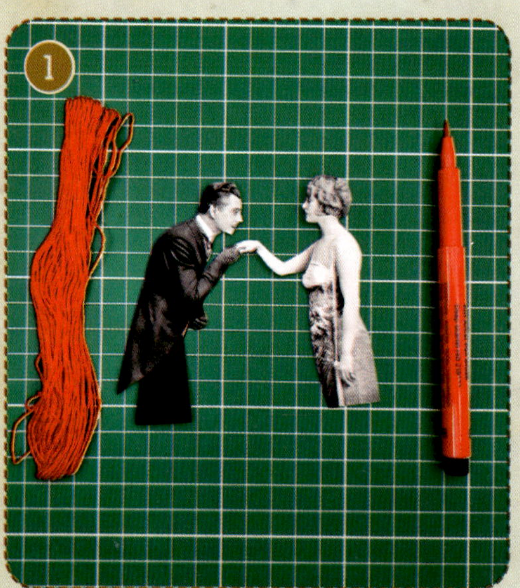

✂ Al colocar el hilo, piensa en cómo puede representar la conexión entre la imagen y los conceptos o emociones que deseas evocar. El hilo rojo puede ser una metáfora de la pasión, la vida o los vínculos invisibles que unen a las personas o ideas.

✂ When placing the thread, think about how it can represent the connection between the image and the concepts or emotions you want to evoke. The red thread can be a metaphor for passion, life, or the invisible bonds that unite people or ideas.

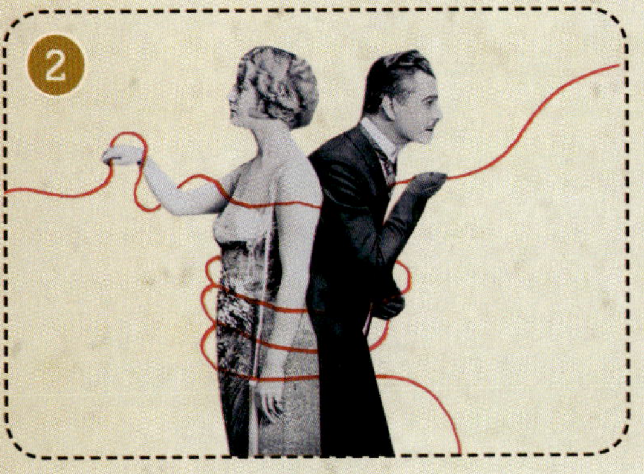

2. En la figura 2, vemos un ejemplo de hilo rojo dibujado sobre la imagen con ayuda de un rotulador.

2. In figure 2, we see an example of red thread drawn over the image using a marker.

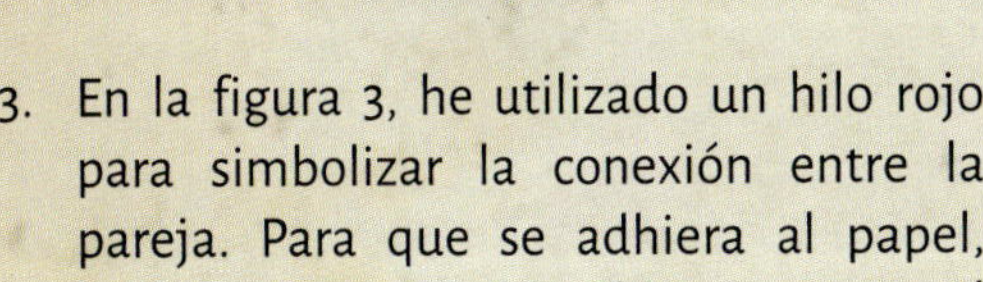

3. En la figura 3, he utilizado un hilo rojo para simbolizar la conexión entre la pareja. Para que se adhiera al papel, aplica pegamento líquido con un pincel fino o un aplicador de pegamento tipo bolígrafo para mayor precisión.

3. In figure 3, I used red thread to symbolize the connection between the couple. To adhere it to the paper, apply liquid glue with a fine brush or a glue applicator pen for greater precision.

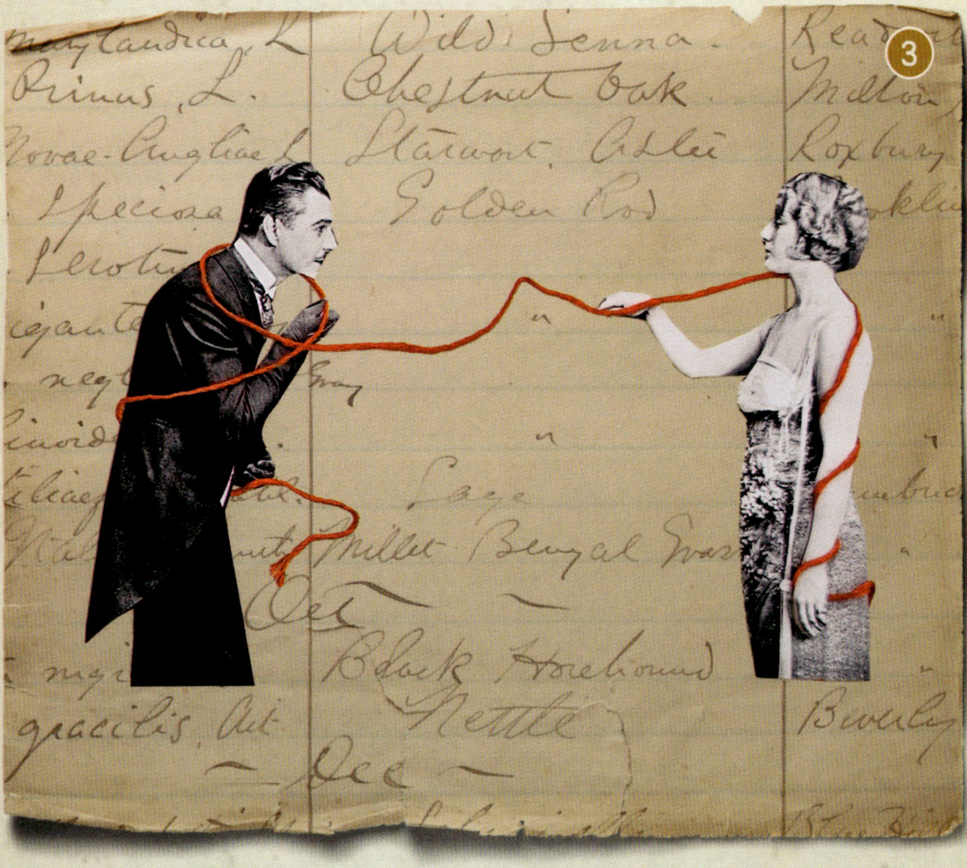

18 Visión Transparente: Collage con Transparencias

Transparent Vision: Collage with Transparencies

En este ejercicio, te adentrarás en la creación de efectos visuales a través de la transparencia, añadiendo una dimensión etérea y colorida a tus collages análogos. Utilizarás papel vegetal y marcadores fluorescentes para crear filtros de color que transformarán tus imágenes de una manera sutil y creativa.

In this exercise, you will delve into creating visual effects through transparency, adding an ethereal and colorful dimension to your analog collages. You will use tracing paper and fluorescent markers to create color filters that will subtly and creatively transform your images.

Instrucciones

1. Recorta formas triangulares u otras figuras geométricas del papel vegetal, que actuarán como filtros de color sobre tus personajes. La imagen está en la página 117.
2. Usa un rotulador fluorescente para colorear suavemente el papel vegetal. Aplica solo una capa para asegurar que la transparencia del papel se mantenga.

Instructions

1. Cut out triangular shapes or other geometric figures from tracing paper, which will act as color filters over your characters. The image is on page 117.
2. Use a fluorescent marker to gently color the tracing paper. Apply only one layer to ensure the transparency of the paper is maintained.

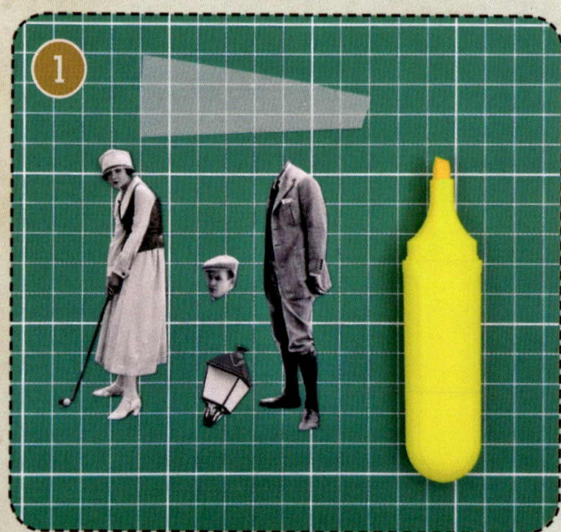

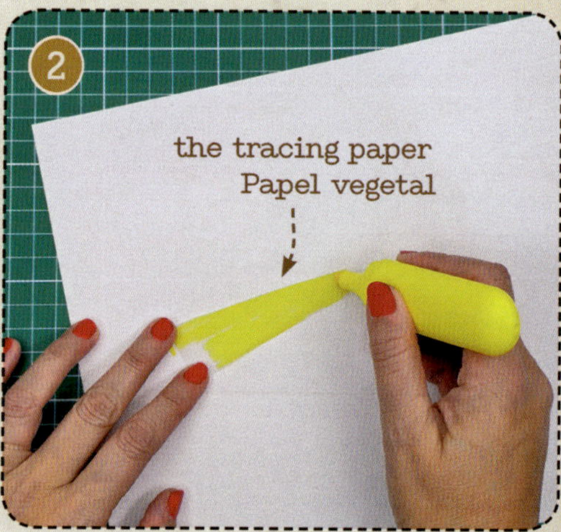

3. Deja secar unos minutos; el papel vegetal
   volverá a tomar su forma original.

4. Para pegar tus figuras, utiliza una barra de
   pegamento.

3. Let it dry for a few minutes; the tracing
   paper will return to its original shape.

4. To glue your figures, use a glue stick.

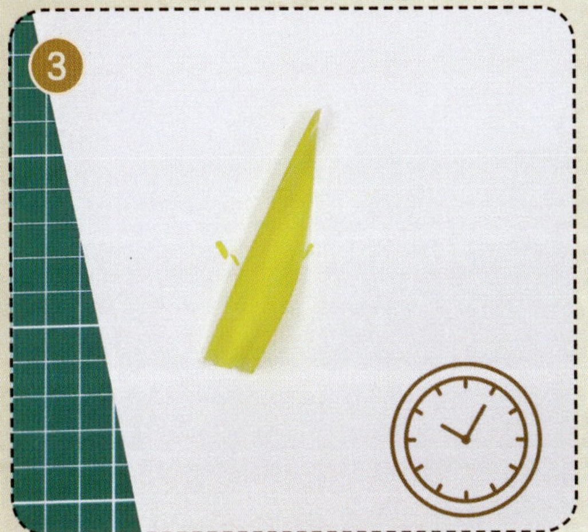

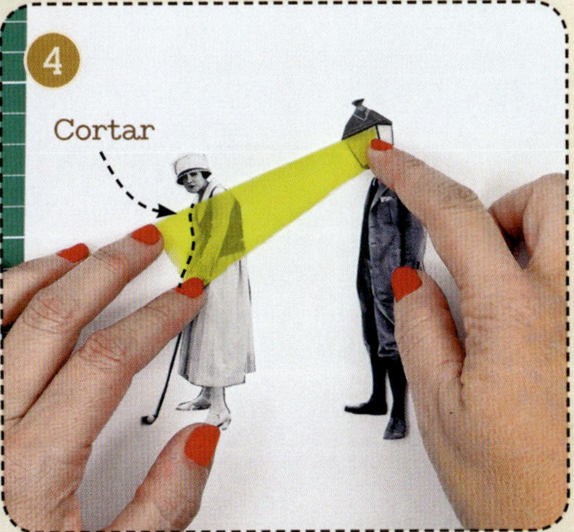

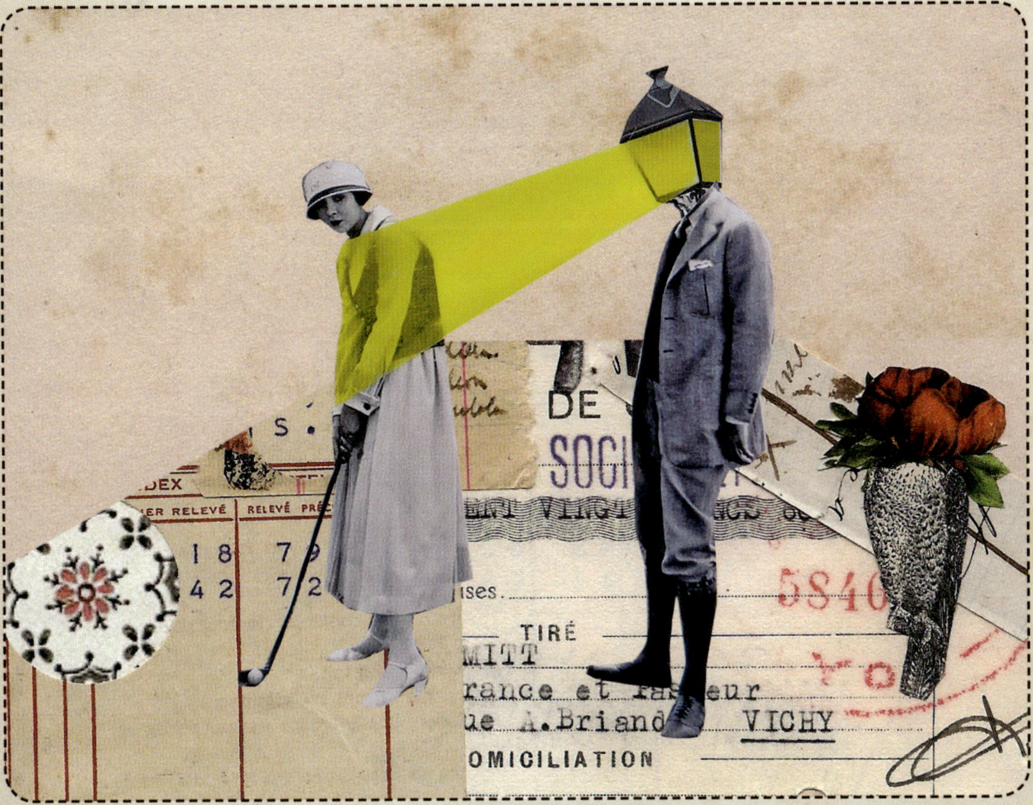

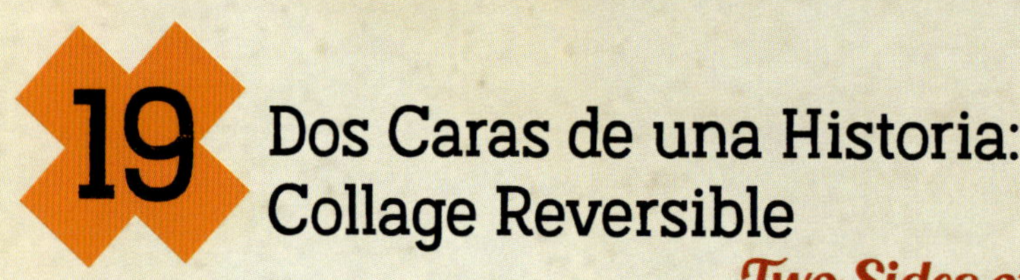

19 Dos Caras de una Historia: Collage Reversible

Este ejercicio te invita a jugar con el elemento sorpresa y el azar al crear un collage reversible que revele dos caras de una misma historia. En lugar de controlar cada aspecto del proceso, permitirás que la fortuna juegue un papel en tu composición, lo que resulta en piezas únicas y auténticas.

This exercise invites you to play with the elements of surprise and chance by creating a reversible collage that reveals two sides of the same story. Instead of controlling every aspect of the process, you will allow fortune to play a role in your composition, resulting in unique and authentic pieces.

Instrucciones

1. Para realizar este ejercicio, necesitarás revistas o periódicos. Puedes reunir material de todo tipo: revistas de moda, científicas, historia, etc.
   Recorta las siluetas de los personajes o elementos sin prestar atención a lo que hay detrás de ellos. Una vez recortadas, voltea las siluetas para descubrir qué imágenes o textos aparecen en la parte posterior.

Instructions

1. To perform this exercise, you will need magazines or newspapers. You can gather material of all kinds: fashion magazines, scientific journals, history magazines, etc. Cut out the silhouettes of characters or elements without paying attention to what is behind them. Once cut out, flip the silhouettes to discover what images or texts appear on the back.

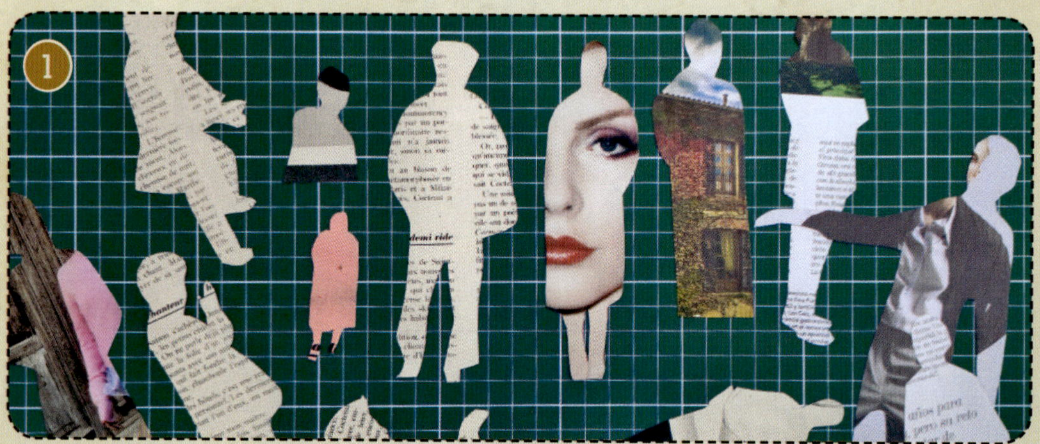

2. Combina estas nuevas imágenes encontradas al azar para crear un collage reversible, jugando con las formas y los contrastes que se han revelado.

2. Combine these new randomly found images to create a reversible collage, playing with the shapes and contrasts that have been revealed.

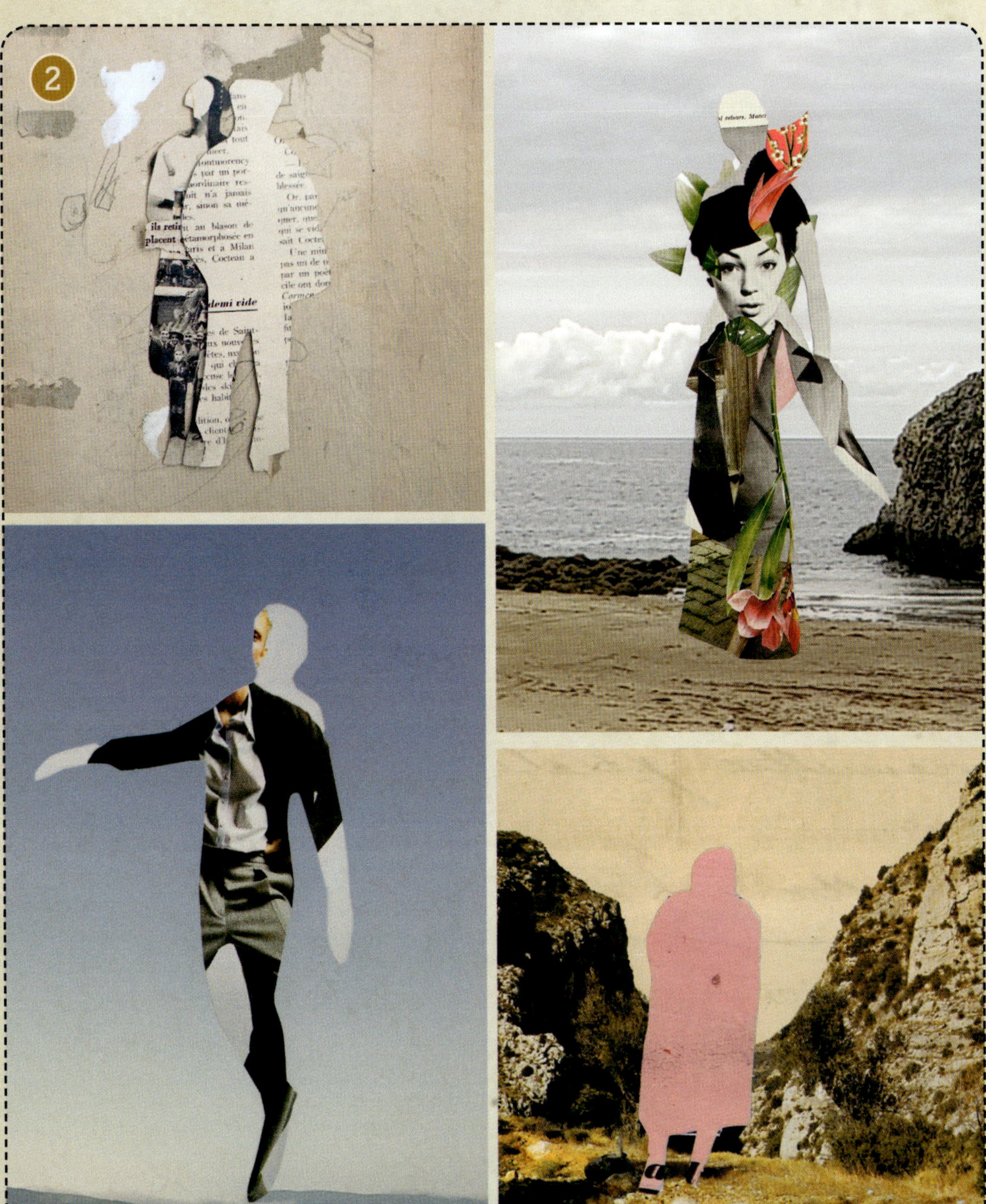

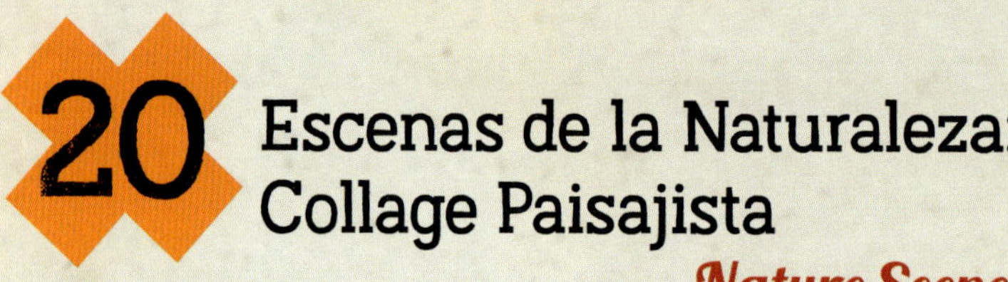

20 Escenas de la Naturaleza: Collage Paisajista

Nature Scenes: Landscape Collage

Este ejercicio fusiona la belleza de la naturaleza con la técnica del collage para crear escenas que capturan la esencia y la majestuosidad del mundo natural. Al incorporar elementos naturales en tus composiciones, puedes evocar sentimientos de serenidad, asombro y conexión con la tierra.

La técnica consiste en reemplazar parte del personaje con un fondo de la naturaleza.

Instrucciones

1. Busca imágenes de paisajes naturales que te inspiren, como campos de flores, bosques, montañas o cielos estrellados. Escoge una fotografía donde se vean dos personas con el fin de reemplazar una de ellas para crear conexiones invisibles. La foto del ejemplo está en la página 117.
2. Con ayuda del papel vegetal, dibuja la silueta del personaje que vas a reemplazar.

This exercise merges the beauty of nature with the technique of collage to create scenes that capture the essence and majesty of the natural world. By incorporating natural elements into your compositions, you can evoke feelings of serenity, awe, and connection with the earth.

The technique involves replacing part of the character with a natural background.

Instructions

1. Look for images of natural landscapes that inspire you, such as flower fields, forests, mountains, or starry skies. Choose a photograph where two people are visible in order to replace one of them to create invisible connections. The example photo is on page 117.
2. Using tracing paper, draw the silhouette of the character you are going to replace.

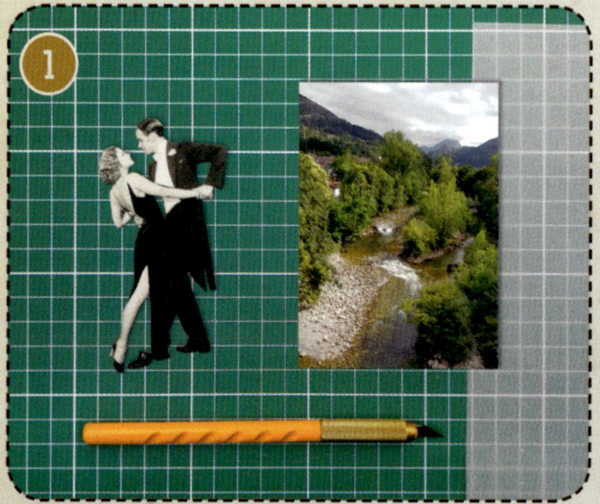

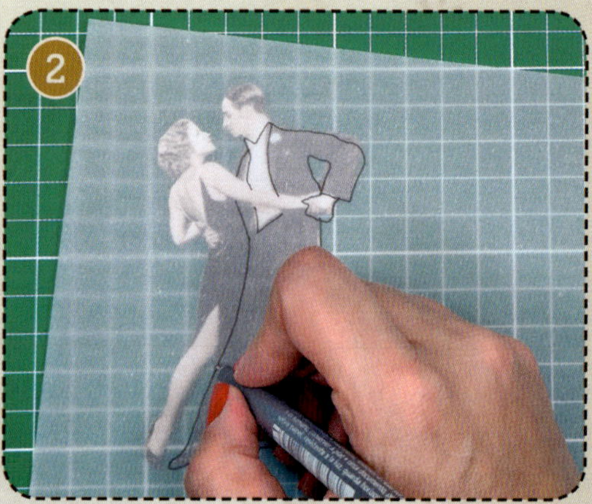

3. Para recortar la figura, utiliza el calco de la silueta sobre el paisaje. Asegura el papel a la tabla de corte con un poco de cinta mágica, la cual permite despegar sin dañar el papel.

3. To cut out the figure, use the traced silhouette over the landscape. Secure the paper to the cutting board with a bit of magic tape, which allows for easy removal without damaging the paper.

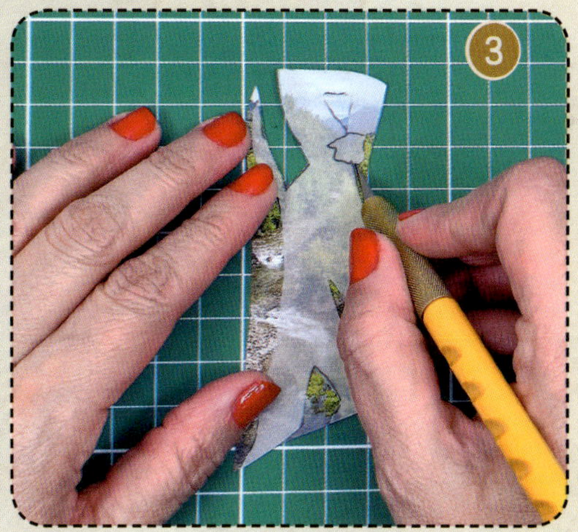

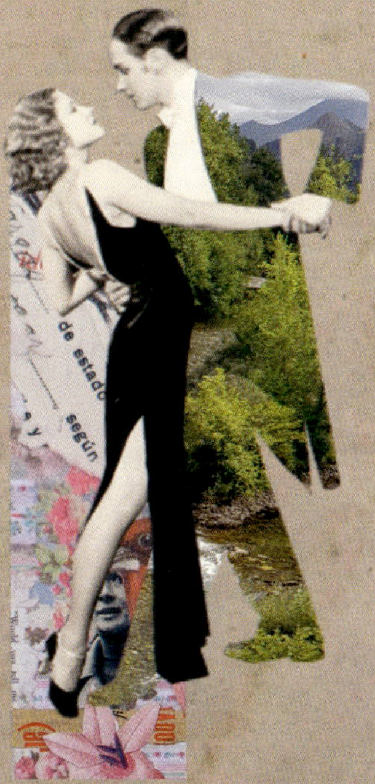

Capítulo 3.
En el Fondo, Todos Somos Collages

Chapter 3. Deep Down, We Are All Collages

A la hora de hacer un collage, el fondo debe complementar o contrastar de manera efectiva con los elementos que se van a adherir.

La elección del fondo siempre dependerá del tema o de la intención, ya que te ayuda a amplificar el mensaje y la estética de tu collage.

En este capítulo, te daré 10 ideas de fondos ideales para tus collages.

When making a collage, the background should effectively complement or contrast with the elements to be adhered.

The choice of background will always depend on the theme or intention, as it helps amplify the message and aesthetics of your collage.

In this chapter, I'll give you 10 ideas for ideal backgrounds for your collages.

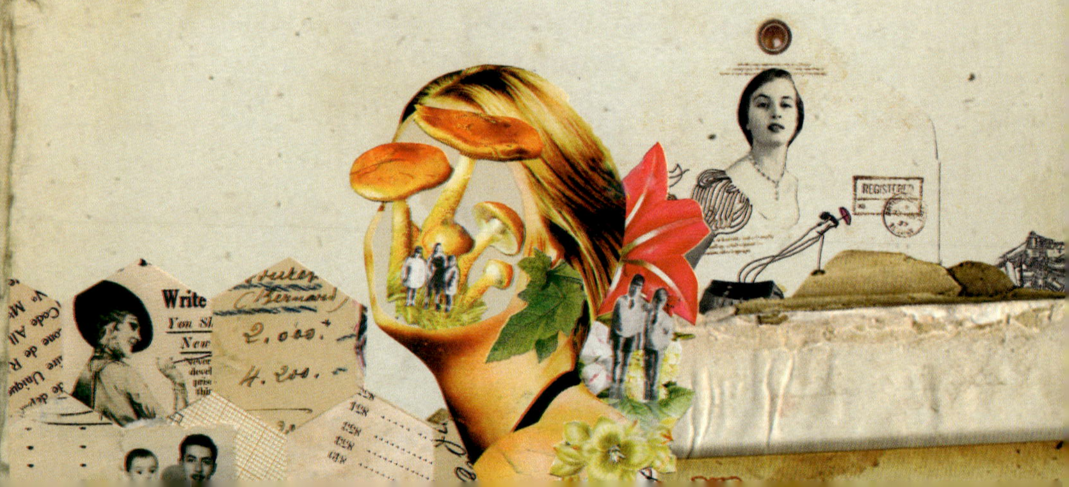

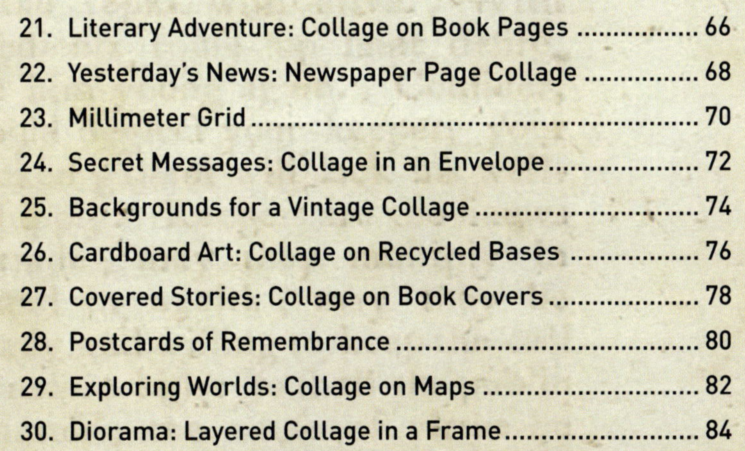

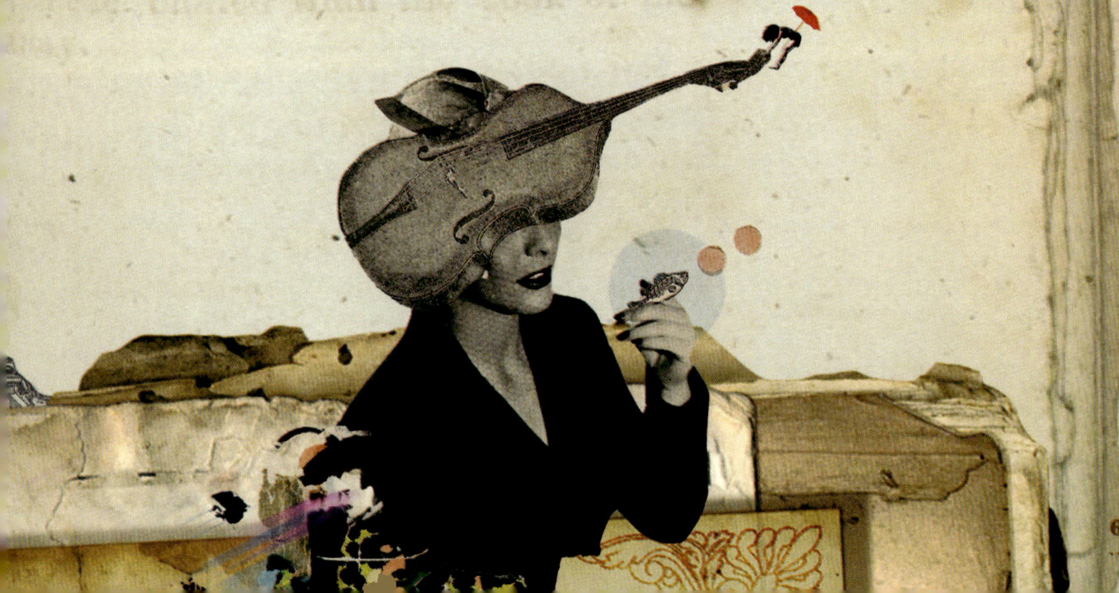

Aventura Literaria: Collage en Hojas de Libro

Literary Adventure: Collage on Book Pages

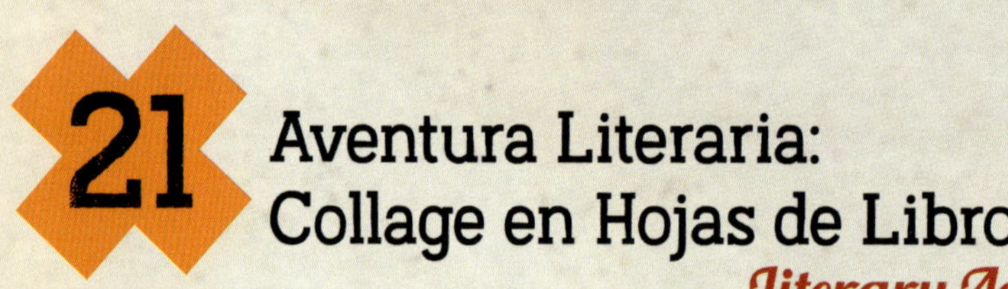

Esta técnica resalta tu composición con el encanto y la textura del papel impreso, añadiendo un contexto literario a tu obra. Convierte la hoja en un marco, recortando su interior y usando los bordes para enmarcar tu collage.

This technique enhances your composition with the charm and texture of printed paper, adding a literary context to your work. Turn the page into a frame by cutting out its interior and using the edges to frame your collage.

Instrucciones

1. Toma una hoja de libro antiguo, preferiblemente de un libro deteriorado por el tiempo. No recortes libros nuevos o que aún tengan una vida útil.
2. Con ayuda de un cúter y una regla metálica, recorta un rectángulo en el interior de la página del libro, como si estuvieras creando un marco.

Instructions

1. Take a page from an old book, preferably from a book worn by time. Do not cut from new books or those that still have a useful life.
2. With the help of a cutter and a metal ruler, cut out a rectangle inside the book page, as if you were creating a frame.

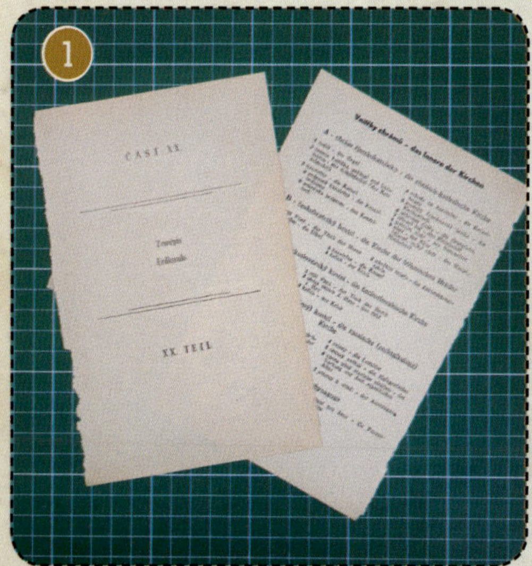

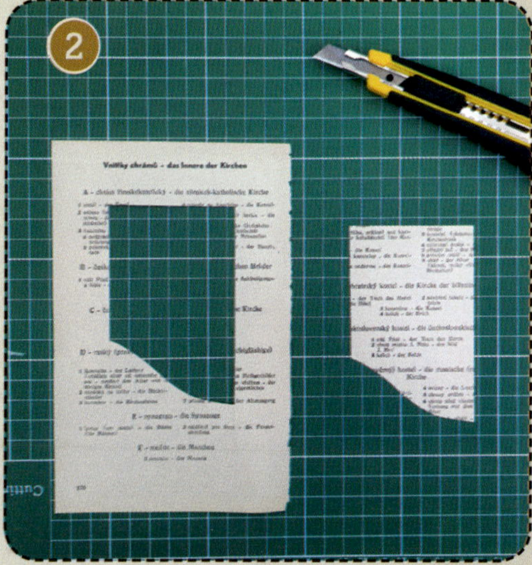

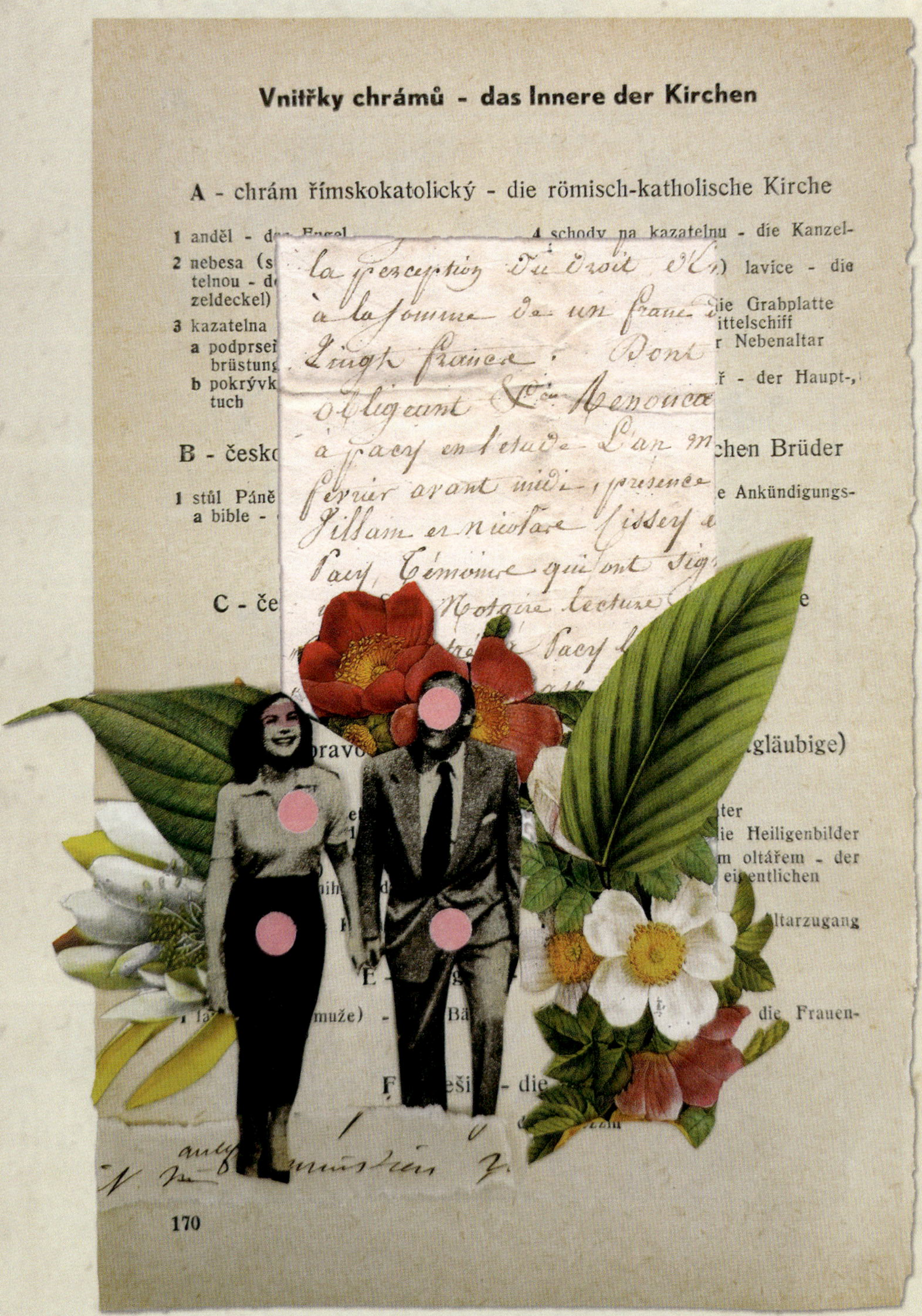

Vnitřky chrámů – das Innere der Kirchen
A - chrám římskokatolický - die römisch-katholische Kirche
B - česko
C - če
170

22 Noticias del Ayer: Collage en Hoja de Periódico

Yesterday's News: Newspaper Page Collage

Trabajar con hojas de periódico es fascinante debido a cómo su color evoluciona con el tiempo. Artistas renombrados como Picasso y Braque incorporaban periódicos en sus obras para capturar eventos y noticias de su época. Siguiendo esta tradición, en este ejercicio, también capturaremos fragmentos de la historia.

Instrucciones

1. Selecciona varios recortes de hojas de periódico y organiza una composición libre. Ve pegando estos fragmentos para crear tu obra, permitiendo que las texturas, los textos y las imágenes se entremezclen de manera armoniosa.

Working with newspaper pages is fascinating due to how their color evolves over time. Renowned artists like Picasso and Braque incorporated newspapers into their works to capture events and news of their time. Following this tradition, in this exercise, we will also capture fragments of history.

Instructions

1. Select various clippings from newspaper pages and arrange them in a free composition. Begin gluing these fragments to create your work, allowing textures, texts, and images to blend harmoniously.

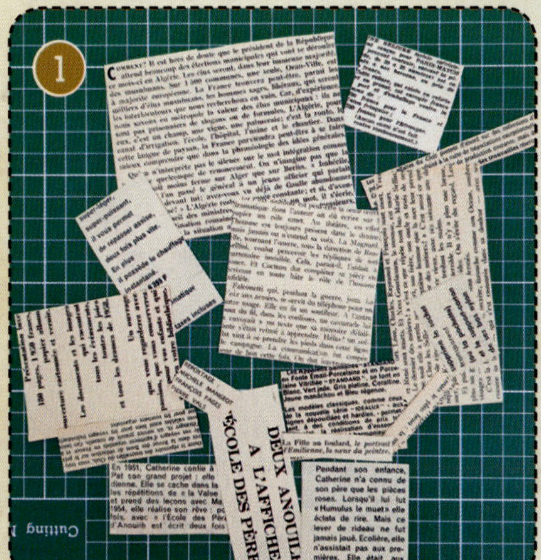

2. Otra alternativa es recortar partes clave de tu figura y dejar que la textura y las palabras del papel completen visualmente la silueta. Este enfoque acentúa la unión entre la narrativa visual y textual, invitando al espectador a llenar los vacíos.

2. Another alternative is to cut out key parts of your figure and let the texture and words of the paper visually complete the silhouette. This approach emphasizes the connection between visual and textual narrative, inviting the viewer to fill in the gaps.

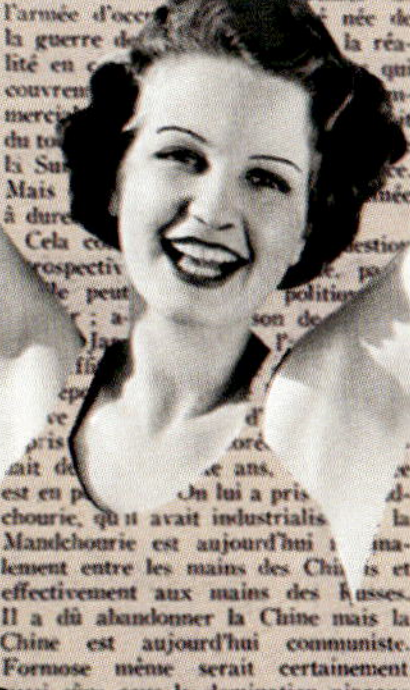

23 Fondo Milimétrico
Millimeter Grid

Este ejercicio explora la textura y la precisión geométrica del papel milimétrico como base para un collage único. Con su retícula regular y su connotación de exactitud, este papel no solo aporta una textura interesante, sino que también es perfecto para alinear elementos geométricos.

Instrucciones

1. Prepara lo necesario: una imagen, preferiblemente de un rostro para obtener mejores resultados, papel milimétrico, regla metálica, lápiz y cúter.
2. Observa la imagen 3 y traza la figura sobre el papel milimétrico. Experimenta también creando tus propias formas geométricas, como cuadrados y rectángulos, inspirándote en las figuras de Tetris.

This exercise explores the texture and geometric precision of millimeter paper as a base for a unique collage. With its regular grid and connotation of accuracy, this paper not only provides an interesting texture but is also perfect for aligning geometric elements.

Instructions

1. Gather your materials: an image, preferably a face for best results, millimeter paper, a metal ruler, pencil, and cutter.
2. Examine image 3 and trace the figure onto the millimeter paper. Also, experiment with creating your own geometric shapes, such as squares and rectangles, drawing inspiration from Tetris figures.

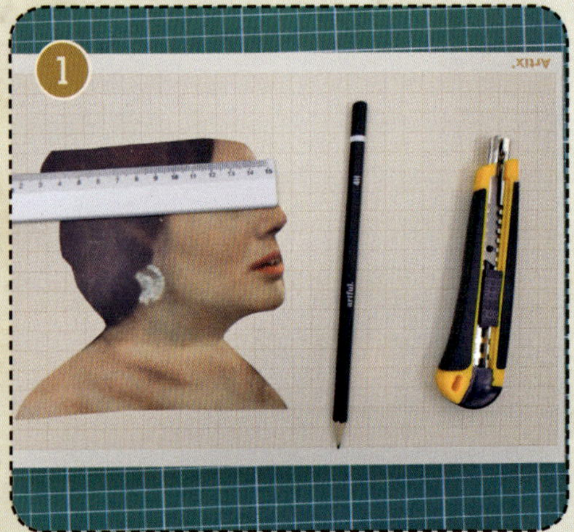

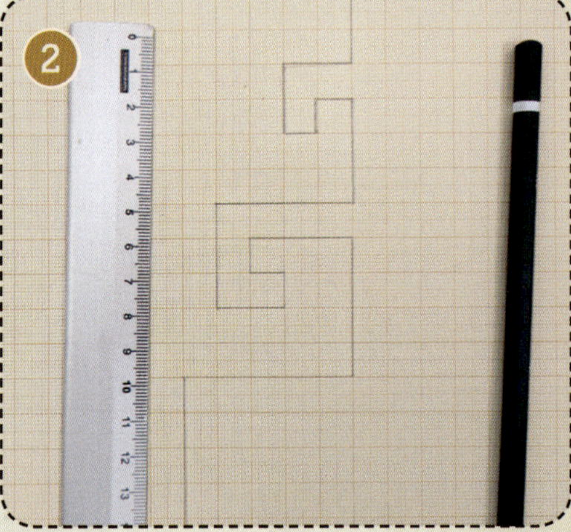

3. Recorta el papel milimétrico y luego borra con cuidado las líneas que hayan quedado del lápiz. ¡Entre más limpio sea el resultado mejor!

3. Cut out the millimeter paper, then carefully erase any pencil lines. The cleaner the result, the better!

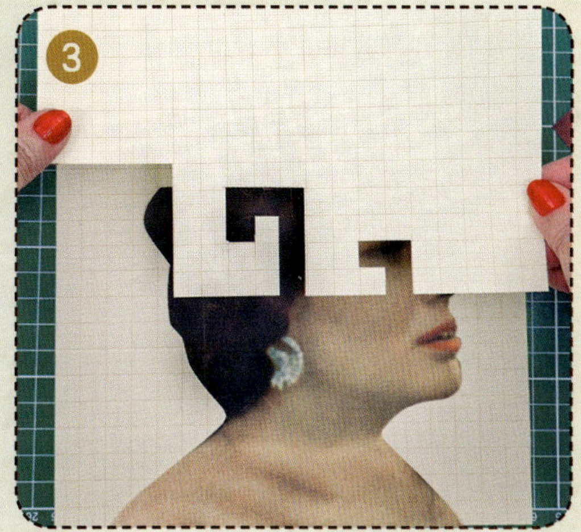

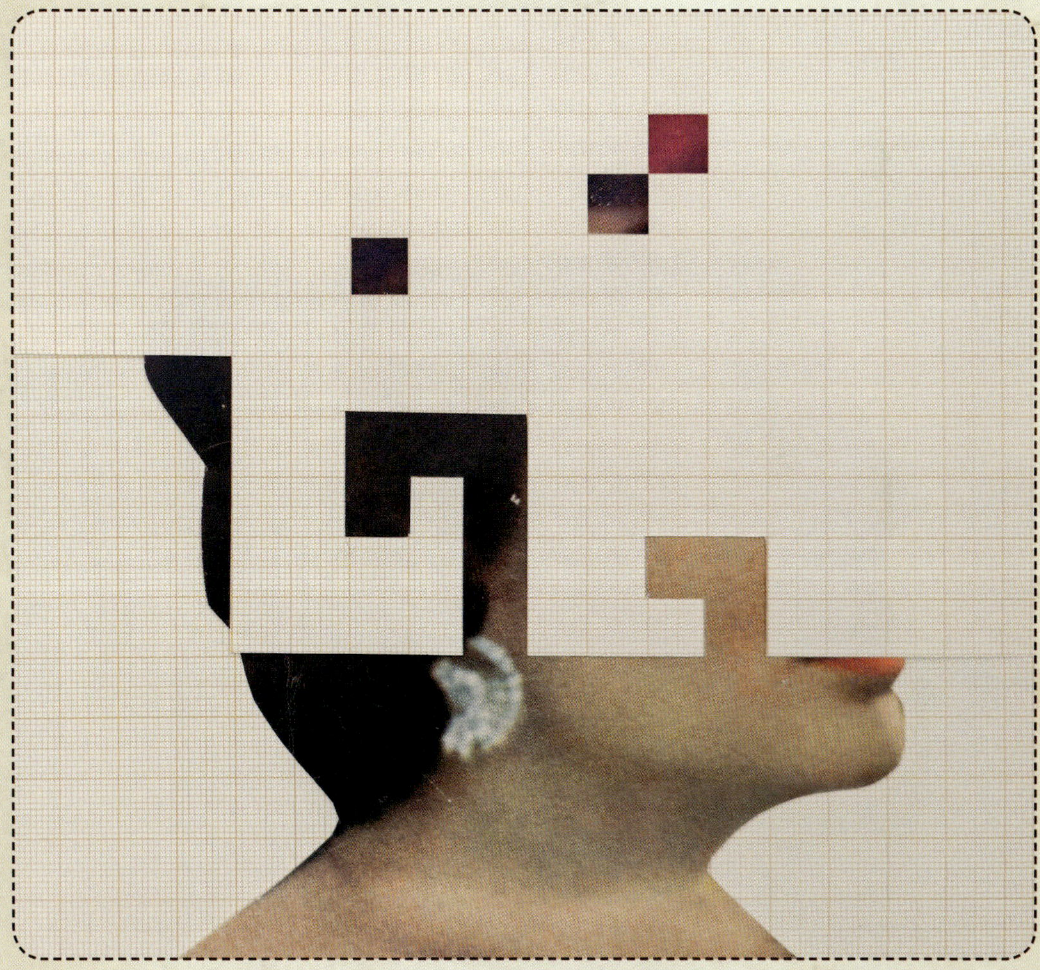

24 Mensajes Secretos: Collage en un Sobre

Secret Messages: Collage on an Envelope

Este ejercicio te invita a utilizar un sobre abierto como lienzo para tu collage, creando una obra que sugiere historias y mensajes ocultos. Puedes aprovechar un personaje previamente creado en ejercicios anteriores o diseñar uno nuevo específicamente para esta ocasión.

Instrucciones

1. Encuentra un sobre que sirva como base para tu collage. Puedes elegir uno de cualquier tamaño, color o textura.
2. Abre el sobre y planifica tu composición. Reflexiona sobre cómo el personaje y otros elementos interactuarán con la forma y el espacio del sobre.
3. Añade elementos que parezcan emerger del sobre, como si estuvieran guardando un secreto o contando una historia. Por ejemplo, puedes incorporar flores y plantas que den la sensación de un nido acogedor para el personaje.

This exercise invites you to use an open envelope as a canvas for your collage, creating a piece that suggests hidden stories and messages. You can utilize a character previously created in earlier exercises or design a new one specifically for this occasion.

Instructions

1. Find an envelope to serve as the base for your collage. You can choose one of any size, color, or texture.
2. Open the envelope and plan your composition. Consider how the character and other elements will interact with the shape and space of the envelope.
3. Add elements that seem to emerge from the envelope, as if they are keeping a secret or telling a story. For example, you can incorporate flowers and plants that give the feeling of a cozy nest for the character.

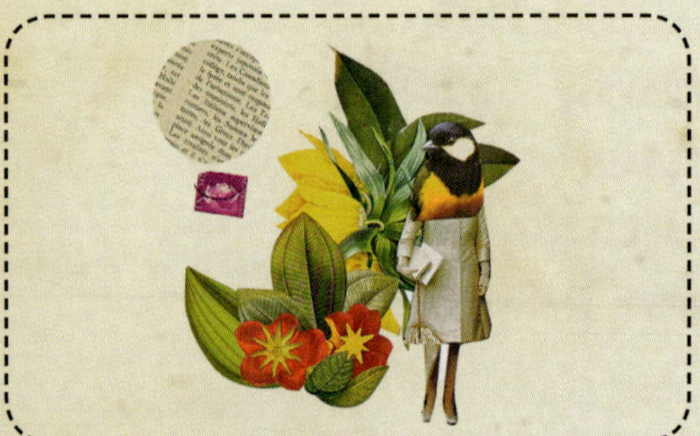

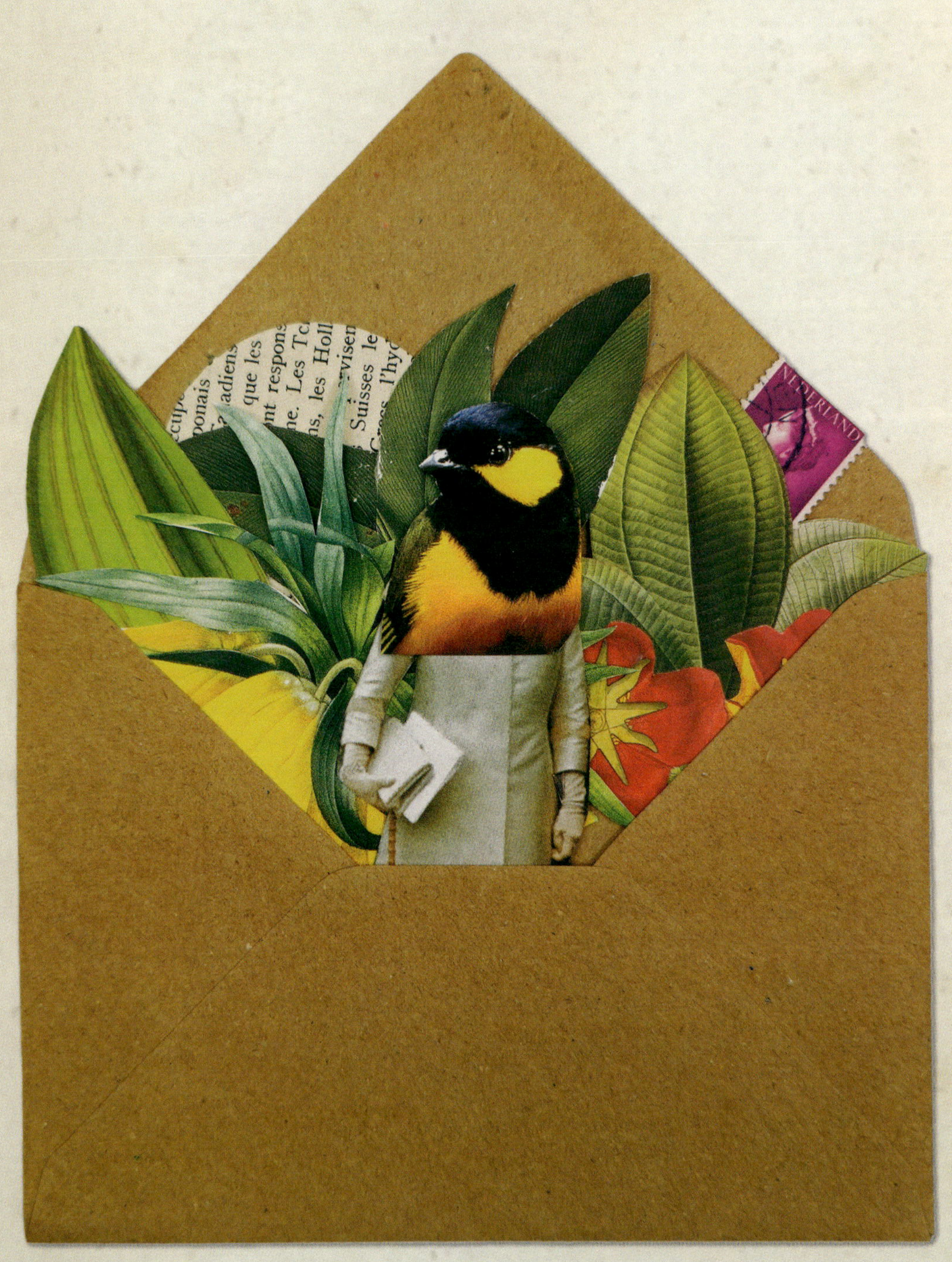

NEDERLAND

25 Fondos para un Collage Vintage
Backgrounds for a Vintage Collage

Un collage "vintage" hace referencia a una obra artística que incorpora imágenes, gráficos, texturas y otros elementos visuales que evocan una sensación nostálgica de eras anteriores.

Los fondos más comunes en este tipo de collages son las imágenes antiguas y las texturas envejecidas.

Las evocaciones del pasado se hacen patentes a través de fotografías, anuncios, ilustraciones y postales que datan de los años 20 hasta los 60. Estos fragmentos visuales son cápsulas temporales que reflejan la moda, la tecnología y las estéticas que marcaron antiguas generaciones. Puedes crear tu fondo vintage con algunos elementos como:

- Sellos postales que llevaban noticias de un continente a otro.
- Boletos de tren que fueron testigos de viajes y despedidas.
- Etiquetas que adornaban productos de antaño.
- Extractos de cartas manuscritas.
- Facturas antiguas.

Este tipo de materiales se consiguen en las tiendas de segunda mano o mercadillos. Para realizar este ejercicio, puedes utilizar los fondos de las páginas 127 y 129.

A "vintage" collage refers to an artistic work that incorporates images, graphics, textures, and other visual elements that evoke a nostalgic feeling of past eras.

The most common backgrounds in this type of collage are old images and aged textures.

Echos of the past become evident through photographs, advertisements, illustrations, and postcards dating from the 1920s to the 1960s. These visual fragments are temporal capsules that reflect the fashion, technology, and aesthetics that marked previous generations. You can create your vintage background with elements such as:

- Postage stamps that carried news from one continent to another.
- Train tickets that witnessed travels and farewells.
- Labels that adorned products of yesteryear.
- Excerpts from handwritten letters.
- Old invoices.

These types of materials can be found in thrift stores or flea markets. To carry out this exercise, you can use the backgrounds from pages 127 and 129.

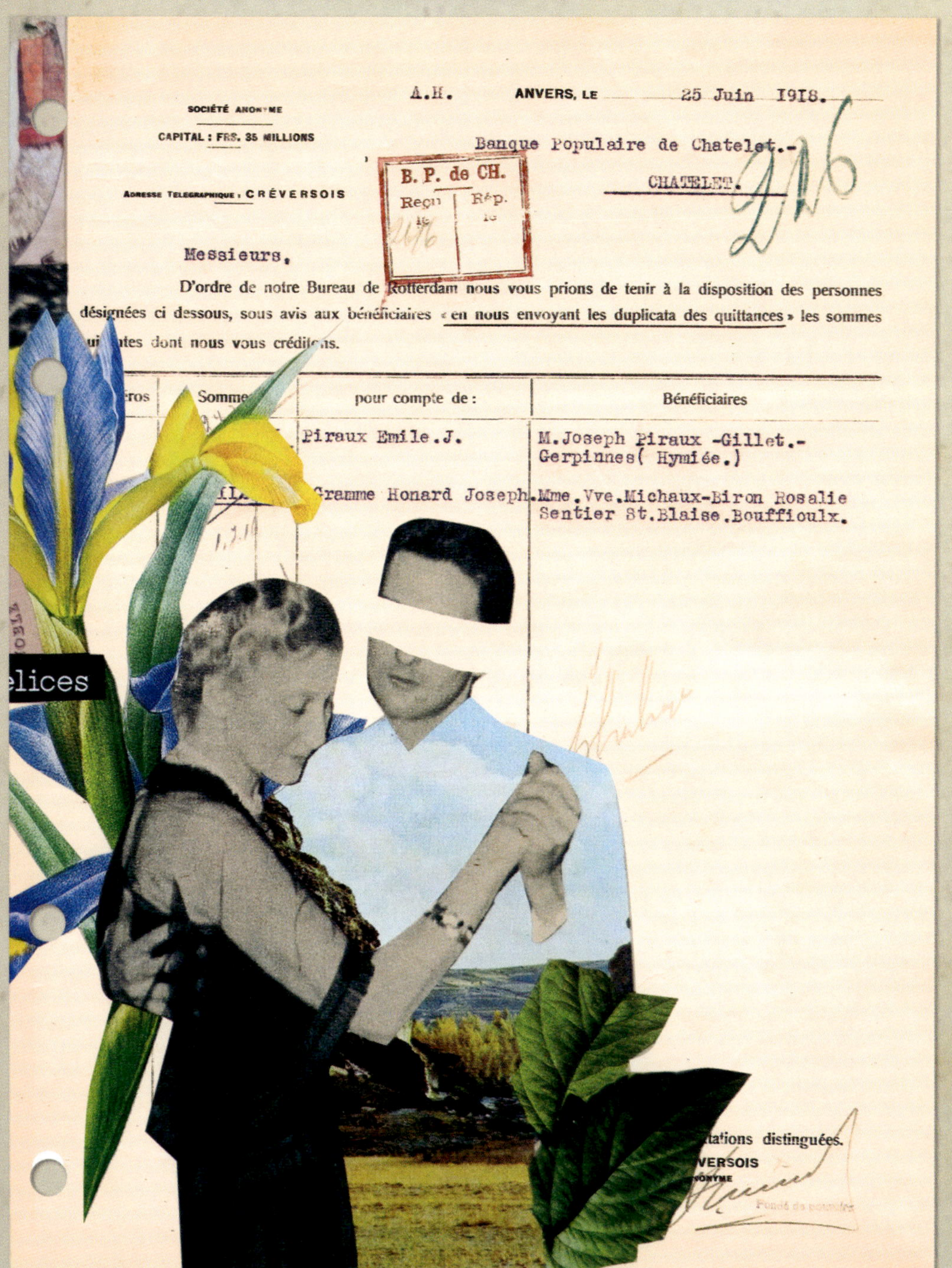

A.H.   ANVERS, LE   25 Juin 1918.

SOCIÉTÉ ANONYME

CAPITAL : FRS. 35 MILLIONS

Banque Populaire de Chatelet.-

ADRESSE TELEGRAPHIQUE : CRÉVERSOIS

CHATELET.

B. P. de CH.
Reçu   Rép.
le   le

Messieurs,

D'ordre de notre Bureau de Rotterdam nous vous prions de tenir à la disposition des personnes désignées ci dessous, sous avis aux bénéficiaires « en nous envoyant les duplicata des quittances » les sommes suivantes dont nous vous créditons.

Numéros	Sommes	pour compte de :	Bénéficiaires
		Piraux Emile.J.	M.Joseph Piraux -Gillet.- Gerpinnes(Hymiée.)
		Gramme Honard Joseph.	Mme.Vve.Michaux-Biron Rosalie Sentier St.Blaise.Bouffioulx.

...tations distinguées.

...VERSOIS

...ONYME

Fondé de pouvoirs

26 Arte en Cartón: Collage sobre Bases Recicladas

Cardboard Art: Collage on Recycled Bases

El cartón, con su estructura resistente y canales internos, es ideal para crear collages tridimensionales con texturas únicas.

Instrucciones

1. Utiliza un cúter y una regla para realizar un corte limpio y recto en el cartón, que servirá de guía. En este ejercicio he utilizado la foto de la página 115.
2. Con cuidado, abre el cartón a lo largo del corte para crear una especie de ventana o grieta donde se asomará el personaje de tu collage. Incrementa la sensación de profundidad y ambiente haciendo pequeñas aperturas adicionales en los bordes del cartón.

Cardboard, with its sturdy structure and internal channels, is ideal for creating three-dimensional collages with unique textures.

Instructions

1. Use a cutter and a ruler to make a clean, straight cut on the cardboard, which will serve as a guide. In this exercise, I have used the photo from page 115.
2. Carefully open the cardboard along the cut to create a kind of window or gap where the character of your collage will peek through. Increase the sense of depth and atmosphere by making small additional openings on the edges of the cardboard.

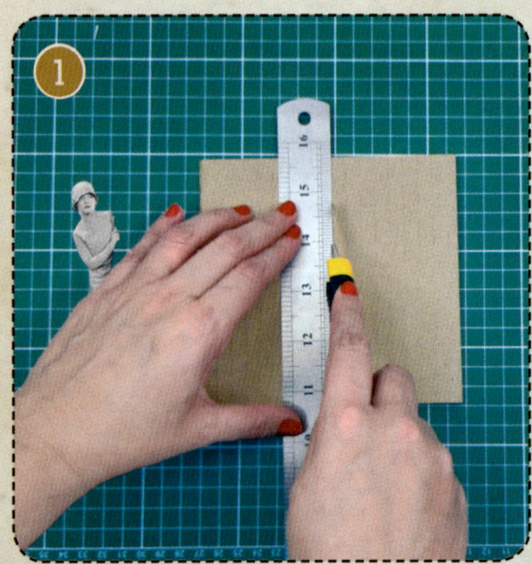

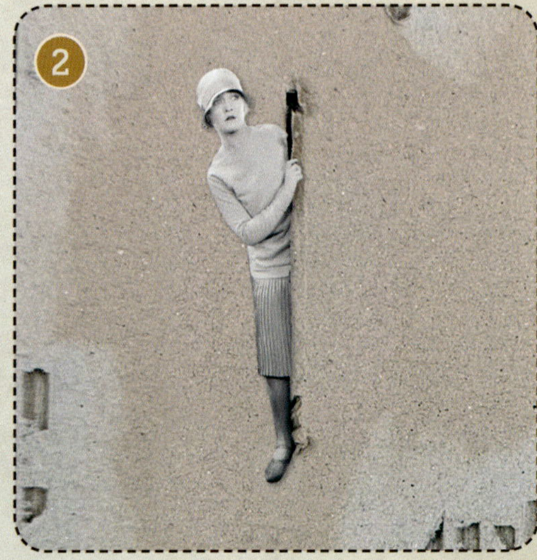

3. Otra forma de trabajar es añadiendo elementos metálicos al cartón: Comienza cortando a mano el cartón, luego aplica con cuidado una gota de pegamento extra fuerte (como el super glue) en la bisagra.

3. Another way to work is by adding metallic elements to the cardboard: Start by hand-cutting the cardboard, then carefully apply a drop of extra-strong glue (such as Super Glue) to the hinge.

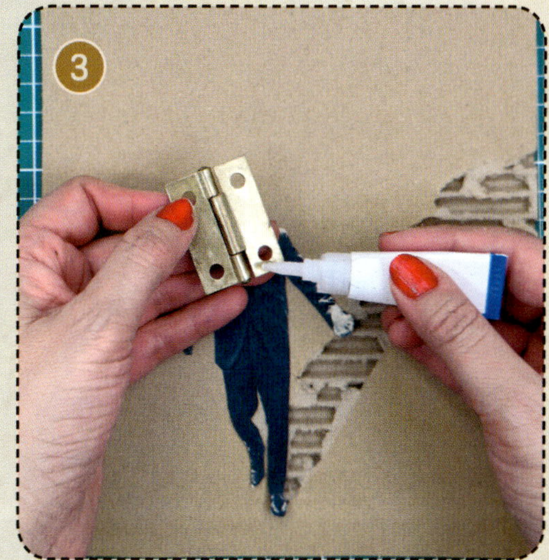

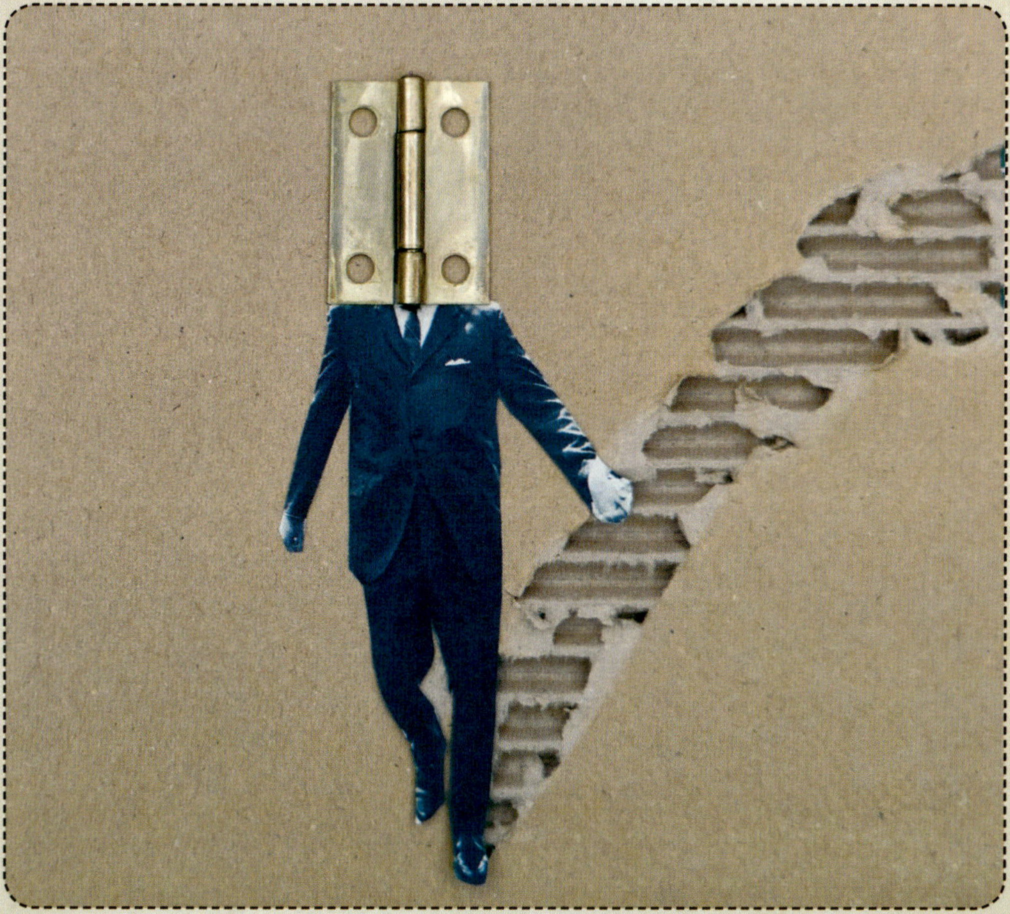

27 Historias Recubiertas: Collage en Tapas de Libros

Covered Stories: Collage on Book Covers

Las tapas de libros antiguos son ideales para collages, ofreciendo texturas desgastadas y bordes encuadernados que enmarcan la obra. Selecciona libros deteriorados en mercadillos, que ya no sean útiles. Asegúrate de que estén libres de ácaros o hongos antes de despegar cuidadosamente la tapa del cuerpo del libro.

Elige trabajar con tapas completas, que ofrecen un marco natural, o con una sola tapa, para centrar la atención en la composición.

Old book covers are ideal for collages, offering worn textures and bound edges that frame the work. Select deteriorated books from flea markets that are no longer useful. Make sure they are free of mites or fungi before carefully removing the cover from the book body.

Choose to work with complete covers, which offer a natural frame, or with a single cover, to focus attention on the composition.

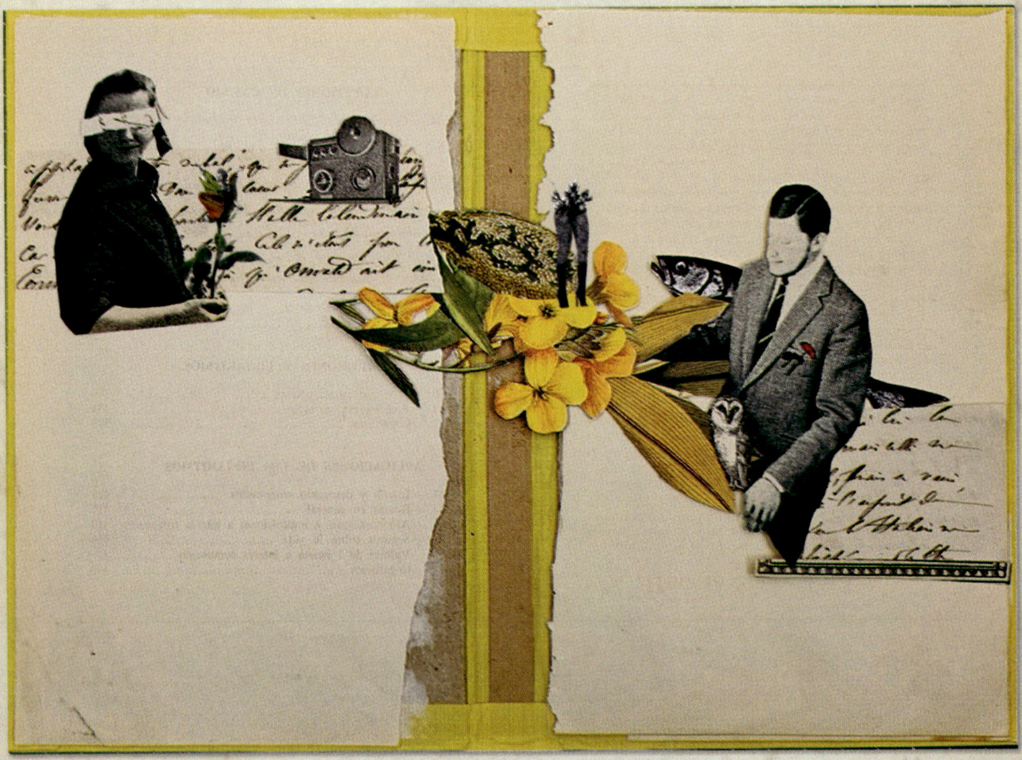

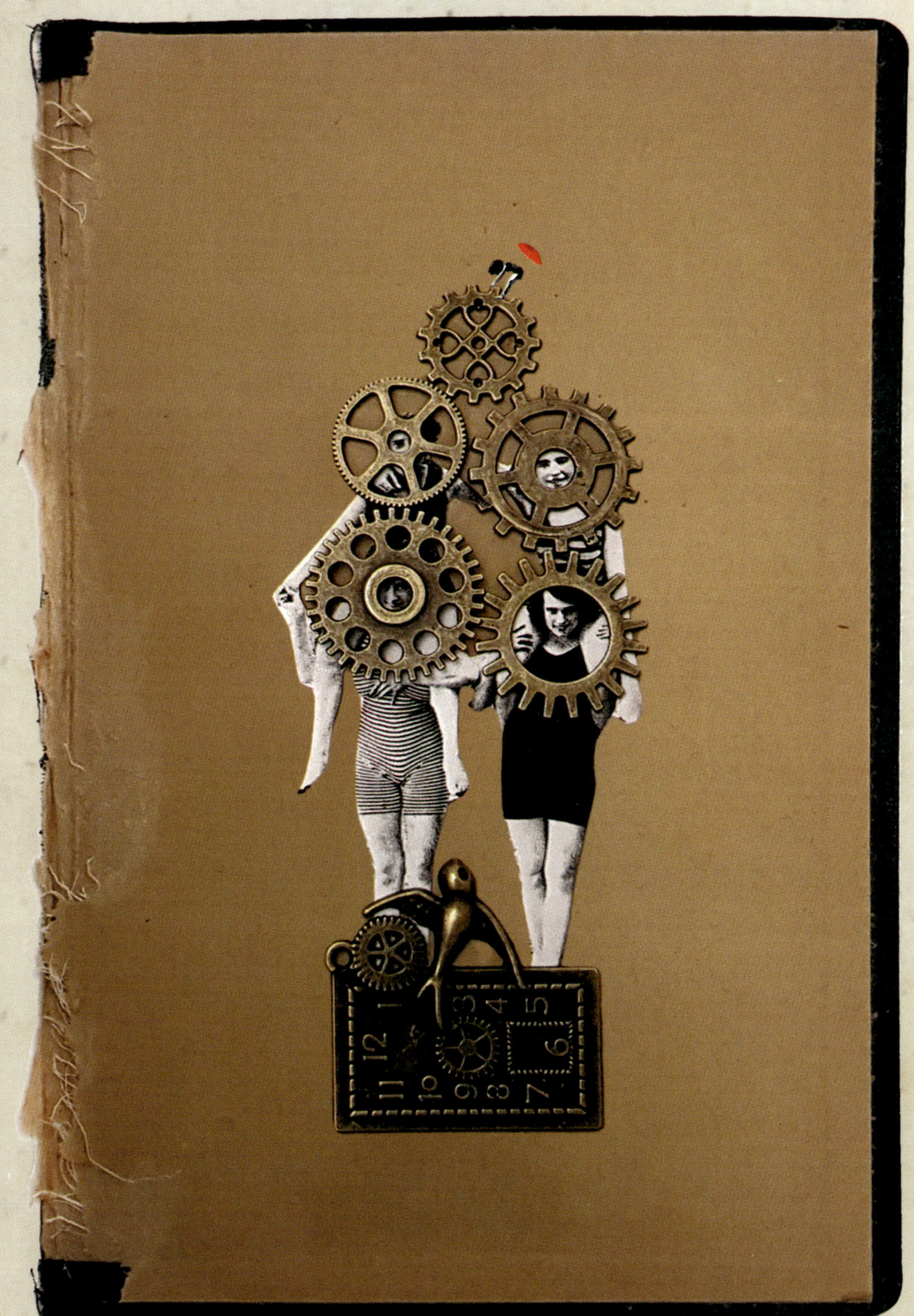

28 Postales del Recuerdo

Postcards of Remembrance

Las postales antiguas son una fuente rica para el collage, con su encanto nostálgico y elementos históricos. Puedes encontrarlas en mercadillos o en línea en sitios como Etsy, especificando el año para encontrar opciones excepcionales.

Instrucciones

1. Este ejercicio se centra en la parte escrita de la postal. Busca algunas para recortar en la página 131.
2. Necesitarás un troquel pequeño para crear formas coloridas y dar vida a tu collage. Encuentra troqueles de diferentes formas en papelerías especializadas en manualidades o en secciones infantiles.

Old postcards are a rich source for collage, with their nostalgic charm and historical elements. You can find them at flea markets or online on sites like Etsy, specifying the year to find exceptional options.

Instructions

1. This exercise focuses on the written part of the postcard. Look for some to cut out on page 131.
2. You will need a small punch to create colorful shapes and bring your collage to life. Find punches of different shapes at craft stores or in children's sections.

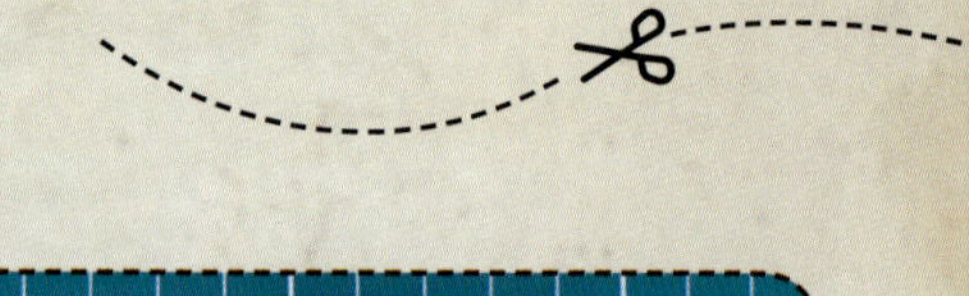

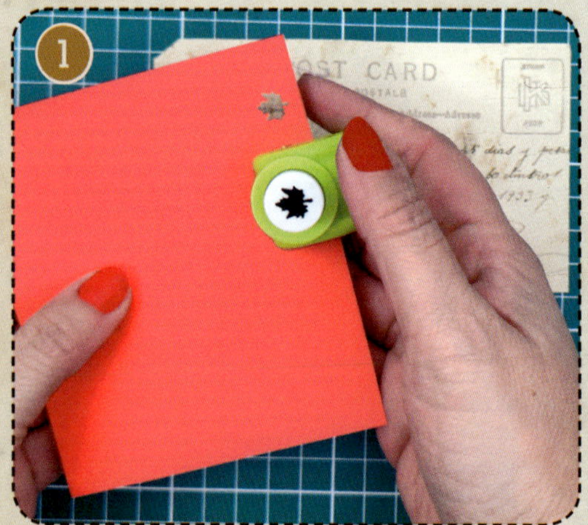

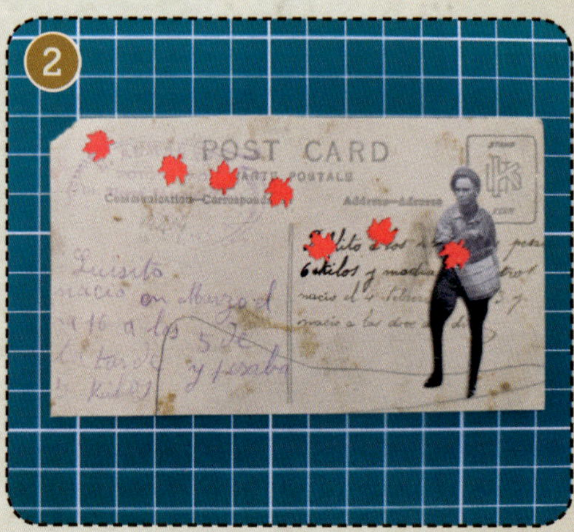

3. Otra versión de trabajo sobre postal involucra la técnica del vaciado, que consiste en eliminar una sección de la imagen y reemplazar el espacio vacío con elementos de collage, creando una nueva narrativa visual.

3. Another version of working on a postcard involves the technique of voiding, which consists of removing a section of the image and replacing the empty space with collage elements, creating a new visual narrative.

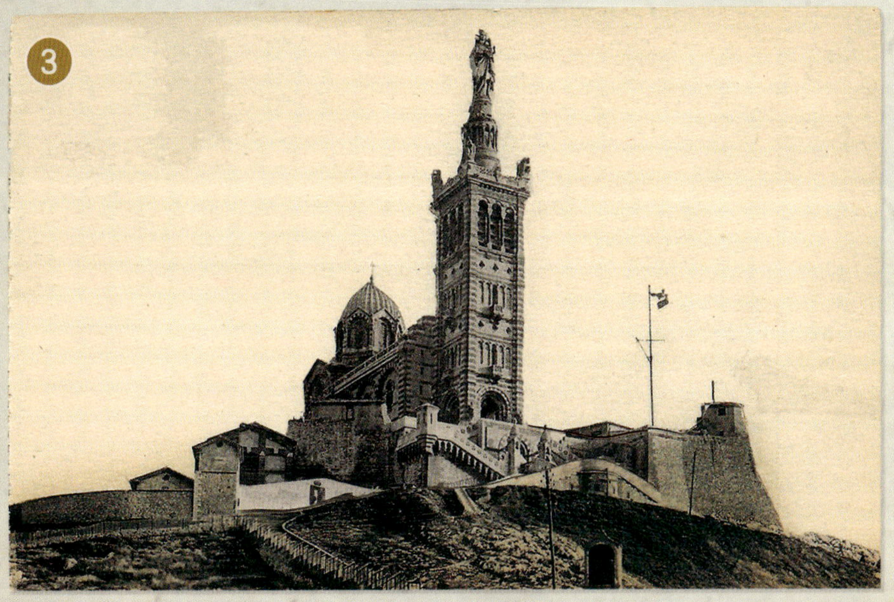

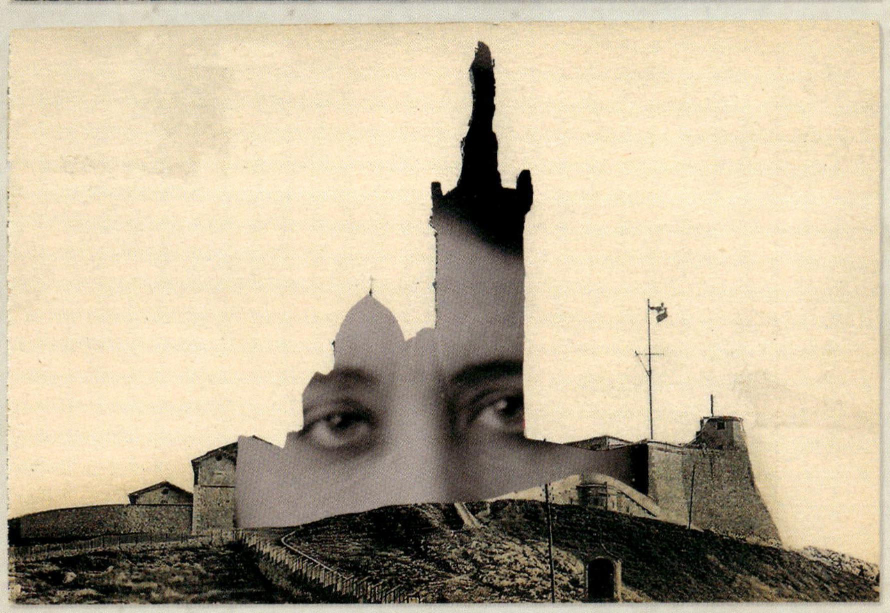

29 Explorando Mundos: Collage sobre Mapas

Exploring Worlds: Collage on Maps

Los mapas no solo proporcionan un contexto geográfico, sino que también añaden una dimensión conceptual a la obra, invitando a reflexionar sobre temas como el viaje, el destino y el descubrimiento.

Instrucciones

1. Elige un mapa que te inspire, puede ser de una ciudad, un país o incluso un mapa temático.
2. Piensa en cómo las características del mapa pueden integrarse y dialogar con los elementos de tu collage. ¿Qué historia quieres contar?
3. Recorta y coloca imágenes, texturas o cualquier otro material que desees incorporar, considerando cómo cada pieza interactúa con la geografía subyacente.
4. Puedes utilizar figuras humanas, animales o estructuras para crear escenas que parecen habitar o transitar por el mapa, o bien optar por un enfoque más abstracto y conceptual.

Maps not only provide geographical context but also add a conceptual dimension to the artwork, inviting reflection on themes such as travel, destiny, and discovery.

Instructions

1. Choose a map that inspires you, it can be of a city, a country, or even a thematic map.
2. Consider how the features of the map can be integrated and interact with the elements of your collage. What story do you want to tell?
3. Cut out and place images, textures, or any other material you wish to incorporate, considering how each piece interacts with the underlying geography.
4. You can use human figures, animals, or structures to create scenes that appear to inhabit or traverse the map, or opt for a more abstract and conceptual approach.

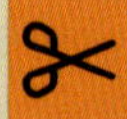

Al final, tu collage sobre mapa se convertirá en un viaje visual único, donde los caminos, las fronteras y los espacios se llenan con las historias que has elegido contar.

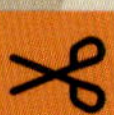

In the end, your collage on the map will become a unique visual journey, where the roads, borders, and spaces are filled with the stories you have chosen to tell.

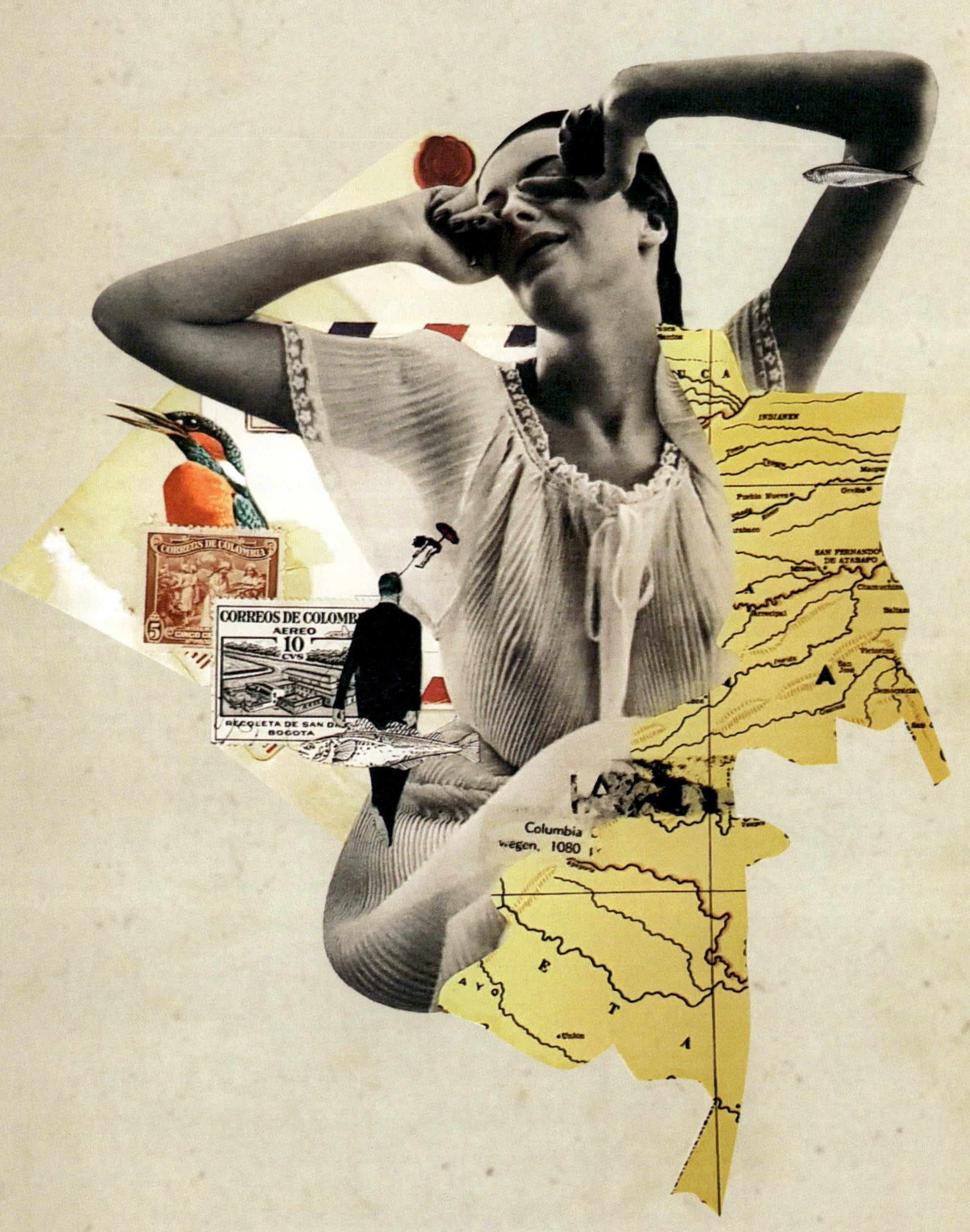
CORREOS DE COLOMBIA
5
CORREOS DE COLOMBIA
AEREO
10
CVS
RECOLETA DE SAN D
BOGOTA
Columbia
wegen. 1080

30 Diorama: Collage por Capas en un Cuadro
Diorama: Layered Collage in a Frame

Este ejercicio te invita a construir una escena tridimensional al estilo diorama, utilizando la técnica del collage por capas. Esta metodología te permitirá crear una composición rica en profundidad y detalle, donde los personajes y los elementos se añaden de manera estratificada para formar una narrativa visual dinámica y envolvente.

Instrucciones

1. Elige un fondo para tu diorama. En este caso, se ha seleccionado un marco de fotos tipo caja, ideal para añadir elementos y ofrecer protección.
2. Para darle altura y crear la ilusión de profundidad a cada capa, utiliza separadores como cartón o espuma adhesiva de doble cara.

This exercise invites you to build a three-dimensional scene in diorama style, using the layered collage technique. This methodology allows you to create a composition rich in depth and detail, where characters and elements are added in layers to form a dynamic and immersive visual narrative.

Instructions

1. Choose a background for your diorama. In this case, a shadow box frame has been selected, ideal for adding elements and providing protection.
2. To give height and create the illusion of depth to each layer, use spacers such as cardboard or double-sided adhesive foam.

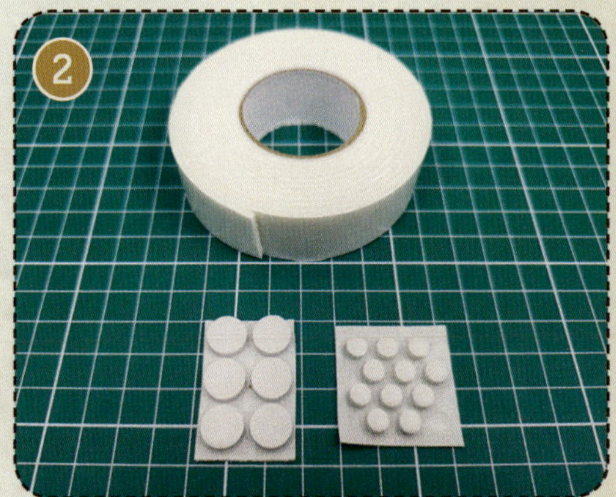

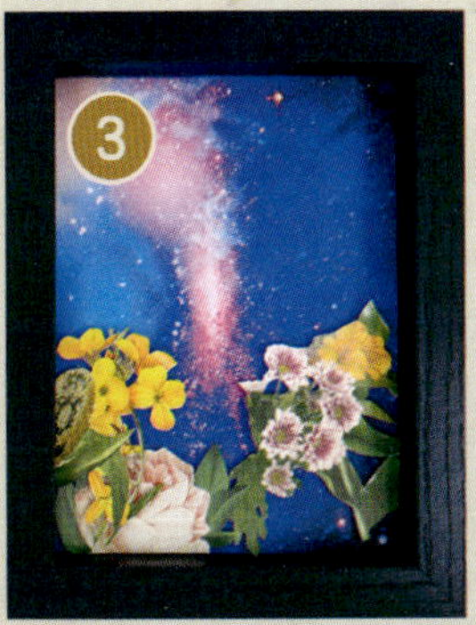 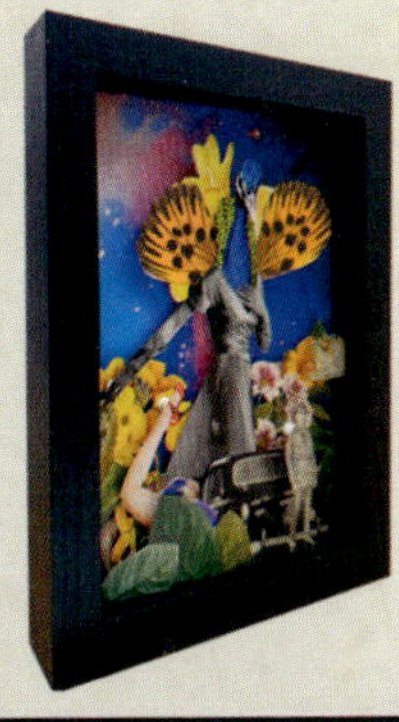

3. Recorta y posiciona tus personajes y otros elementos, ubicándolos estratégicamente desde el fondo hasta el frente de la escena.

3. Cut out and position your characters and other elements, strategically placing them from the background to the foreground of the scene.

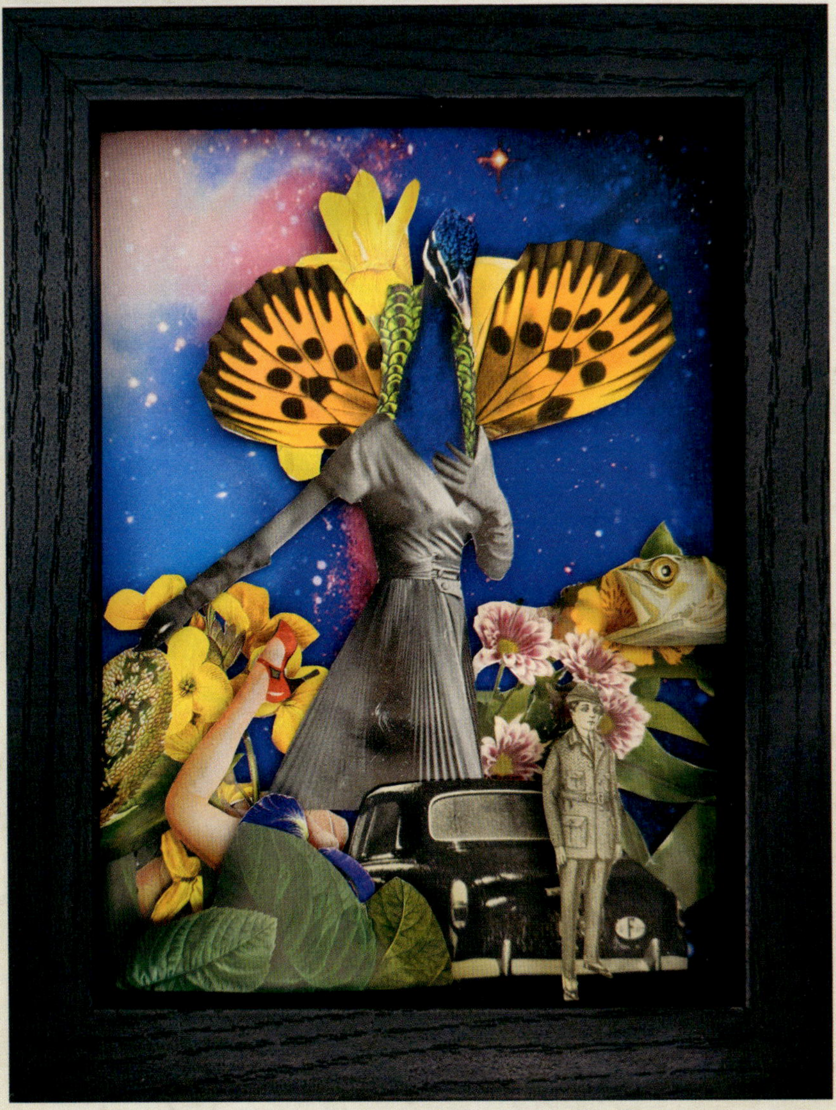

Capítulo 4. Páginas para Recortar

Chapter 4. Cut-out Pages

Este capítulo te ofrece una cuidadosa selección de imágenes pensadas específicamente para que practiques los ejercicios propuestos en el libro. Te invito también a que incorpores o cambies recortes de tu propia colección. Al fusionar estos elementos con tu toque personal, podrás enriquecer aún más tus trabajos y desarrollar tu estilo único. Recuerda que el collage es un arte de exploración y experimentación, así que no dudes en ser creativo y hacer que cada proyecto refleje verdaderamente tu esencia.

This chapter provides you with a careful selection of images specifically designed for you to practice the exercises proposed in the book. I also encourage you to incorporate or change clippings from your own collection. By merging these elements with your personal touch, you can further enrich your work and develop your unique style. Remember that collage is an art of exploration and experimentation, so don't hesitate to be creative and make each project truly reflect your essence.

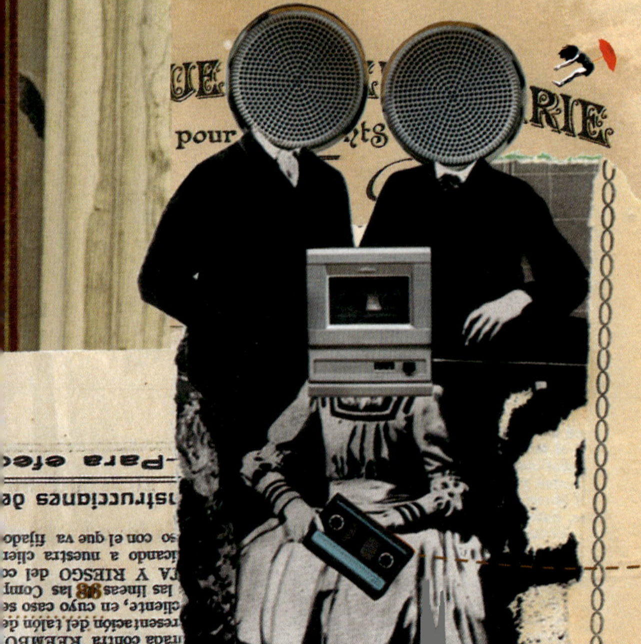

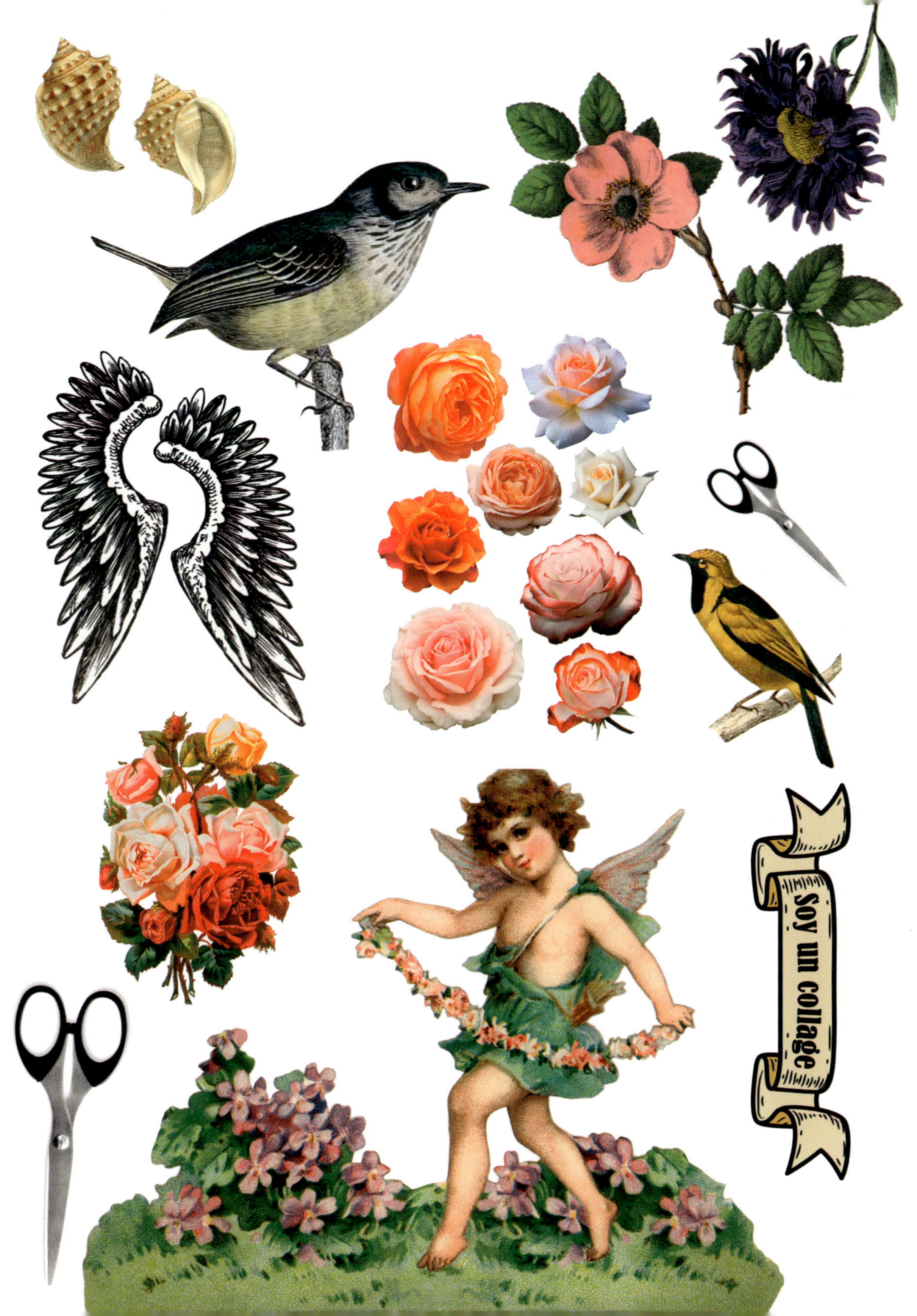
Soy un collage

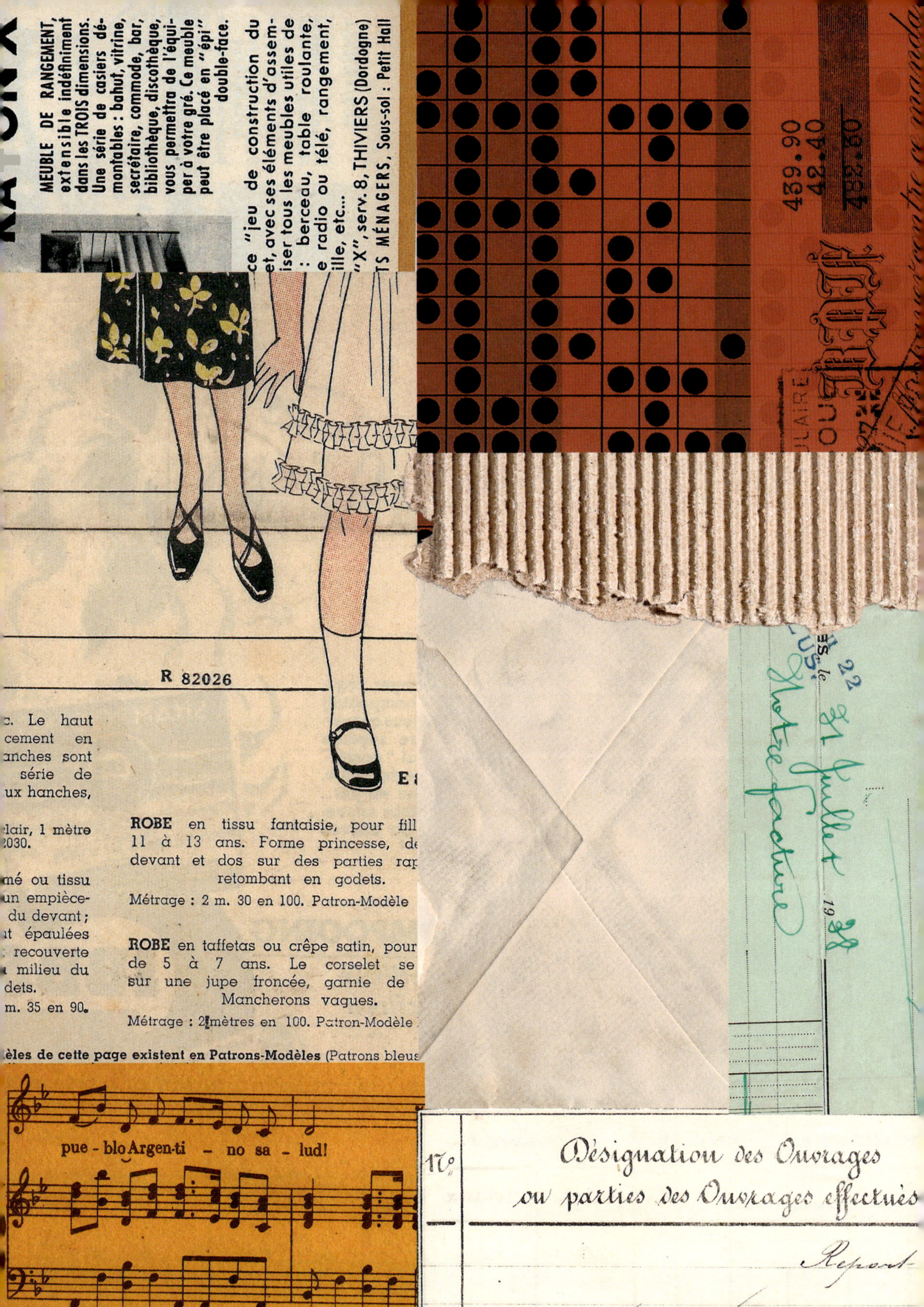

MEUBLE DE RANGEMENT, extensible indéfiniment dans les TROIS dimensions. Une série de casiers démontables : bahut, vitrine, secrétaire, commode, bar, bibliothèque, discothèque, vous permettra de l'équiper à votre gré. Ce meuble peut être placé en "épi" double-face.
ce "jeu" de construction du
et, avec ses éléments d'assem-
iser tous les meubles utiles de
: berceau, table roulante,
e radio ou télé, rangement,
ille, etc...
"X", serv. 8, THIVIERS (Dordogne)
TS MÉNAGERS, Sous-sol : Petit Hall
432.80
43.40
439.90
R 82026
c. Le haut
cement en
nches sont
série de
ux hanches,
lair, 1 mètre
2030.
mé ou tissu
un empièce-
du devant;
t épaulées
recouverte
milieu du
dets.
m. 35 en 90.
E 8
ROBE en tissu fantaisie, pour fill
11 à 13 ans. Forme princesse, de
devant et dos sur des parties rap
retombant en godets.
Métrage : 2 m. 30 en 100. Patron-Modèle
ROBE en taffetas ou crêpe satin, pour
de 5 à 7 ans. Le corselet se
sur une jupe froncée, garnie de
Mancherons vagues.
Métrage : 2 mètres en 100. Patron-Modèle
èles de cette page existent en Patrons-Modèles (Patrons bleus
pue - blo Argen-ti - no sa - lud!
22 31 Juillet 19..
Notre facture
Désignation des Ouvrages
ou parties des Ouvrages effectués
Report
N°

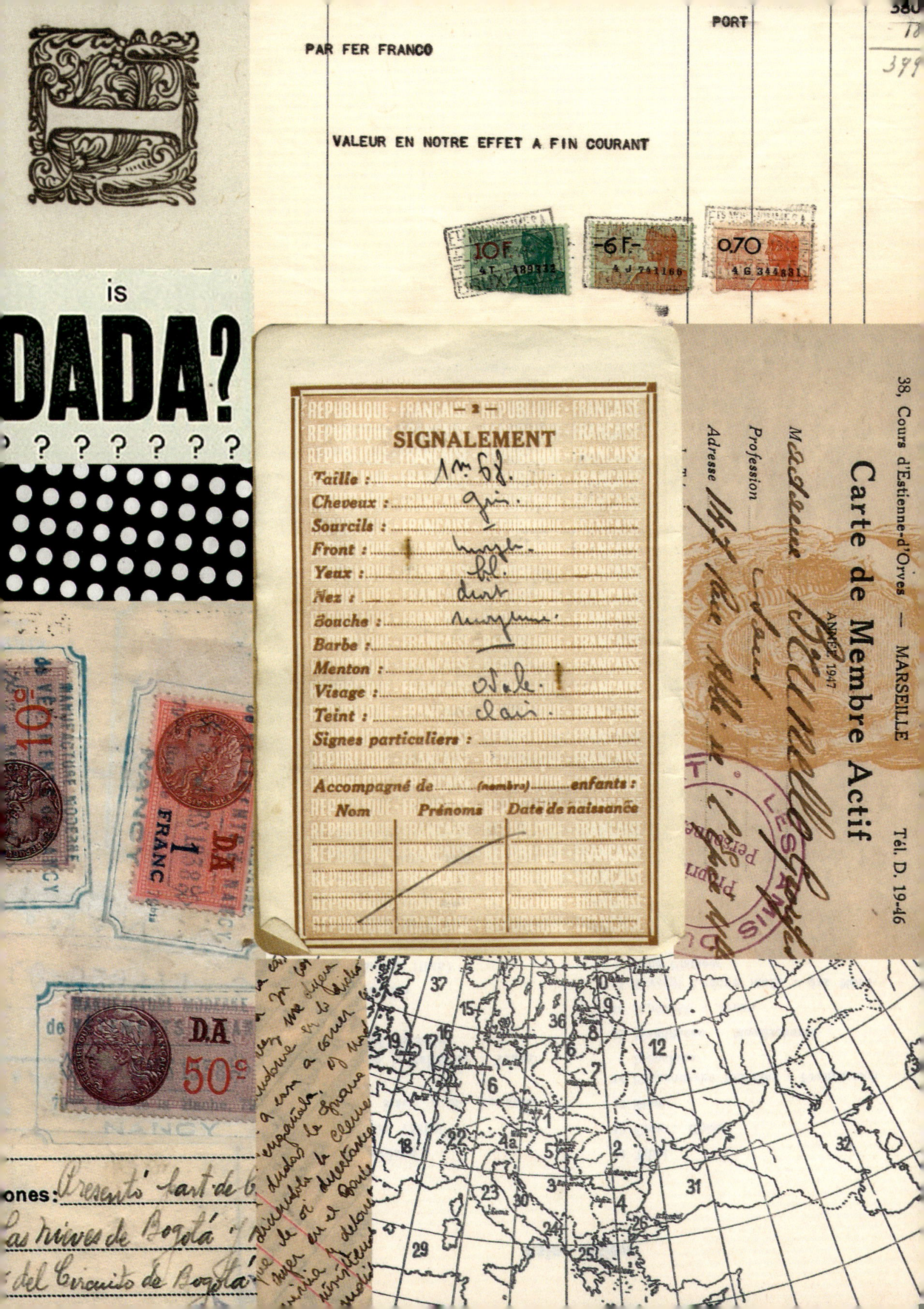

PORT
PAR FER FRANCO
VALEUR EN NOTRE EFFET A FIN COURANT
is
DADA?
? ? ? ? ? ?
10 F
6 F
0.70
SIGNALEMENT
Taille :
Cheveux :
Sourcils :
Front :
Yeux :
Nez :
Bouche :
Barbe :
Menton :
Visage :
Teint :
Signes particuliers :
Accompagné de (nombre) enfants :
Nom   Prénoms   Date de naissance
RÉPUBLIQUE · FRANÇAISE
38, Cours d'Estienne-d'Orves — MARSEILLE
Tél. D. 19-46
Carte de Membre Actif
ANNÉE 1947
Profession
Adresse
D.A
1 FRANC
NANCY
D.A
50 c
NANCY
Las ruinas de Bogotá
del Circuito de Bogotá

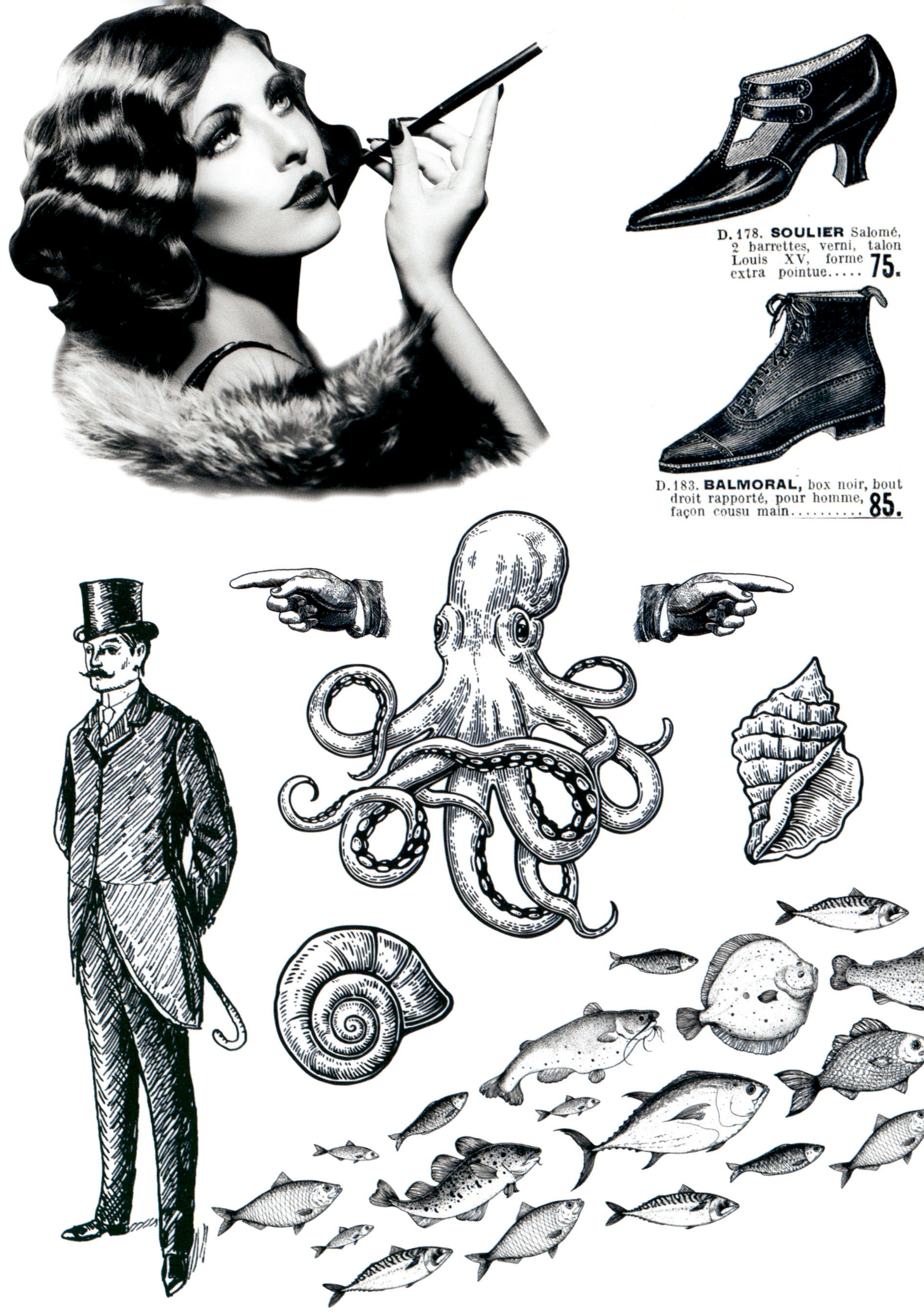

D. 178. SOULIER Salomé, 2 barrettes, verni, talon Louis XV, forme extra pointue..... 75.
D. 183. BALMORAL, box noir, bout droit rapporté, pour homme, façon cousu main......... 85.

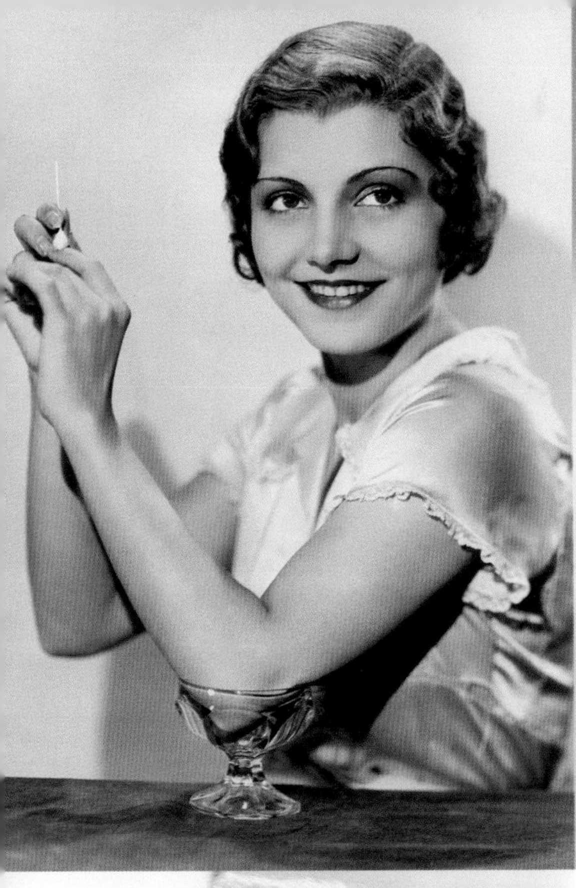

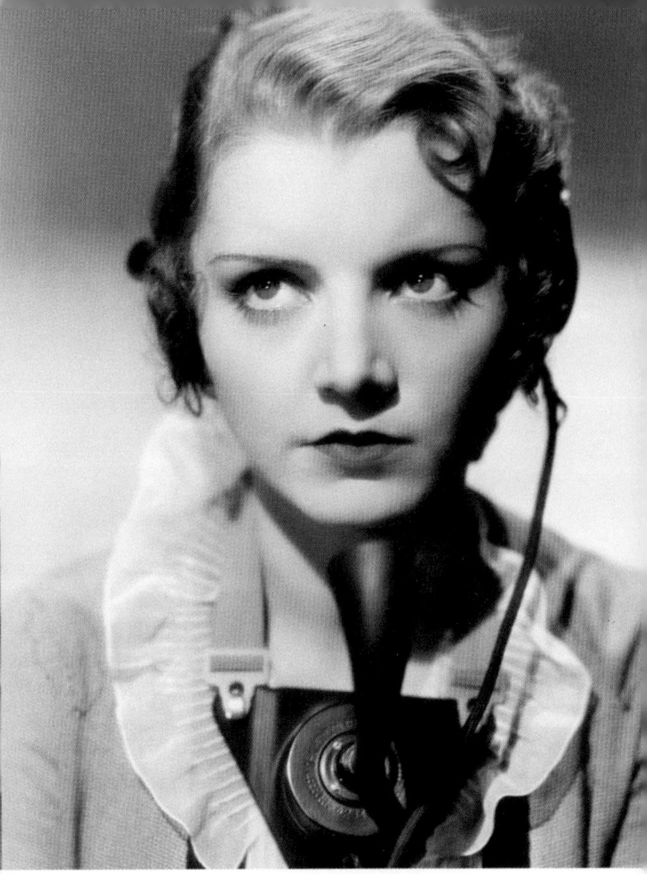

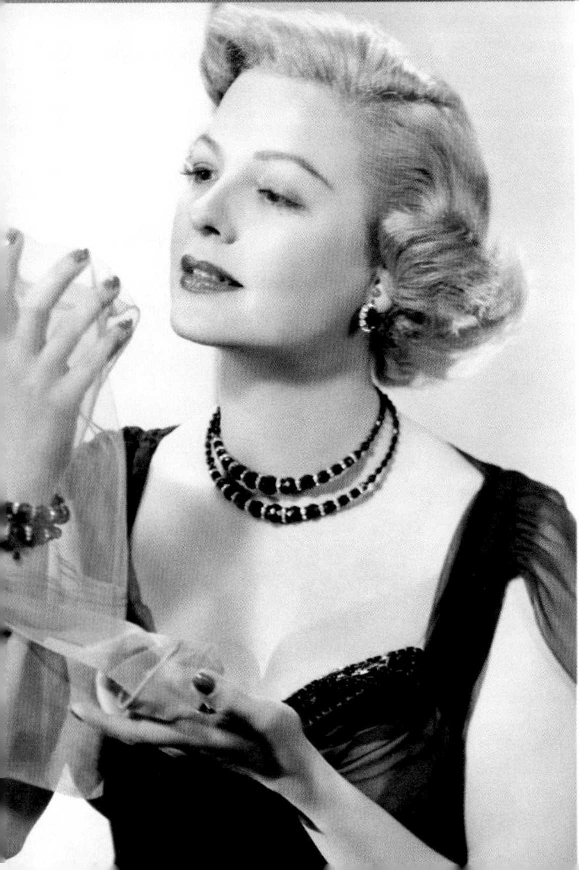
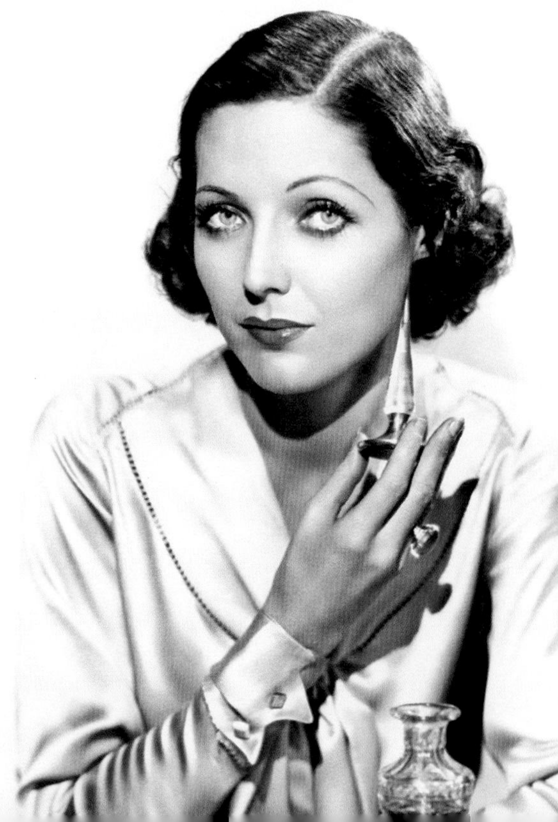

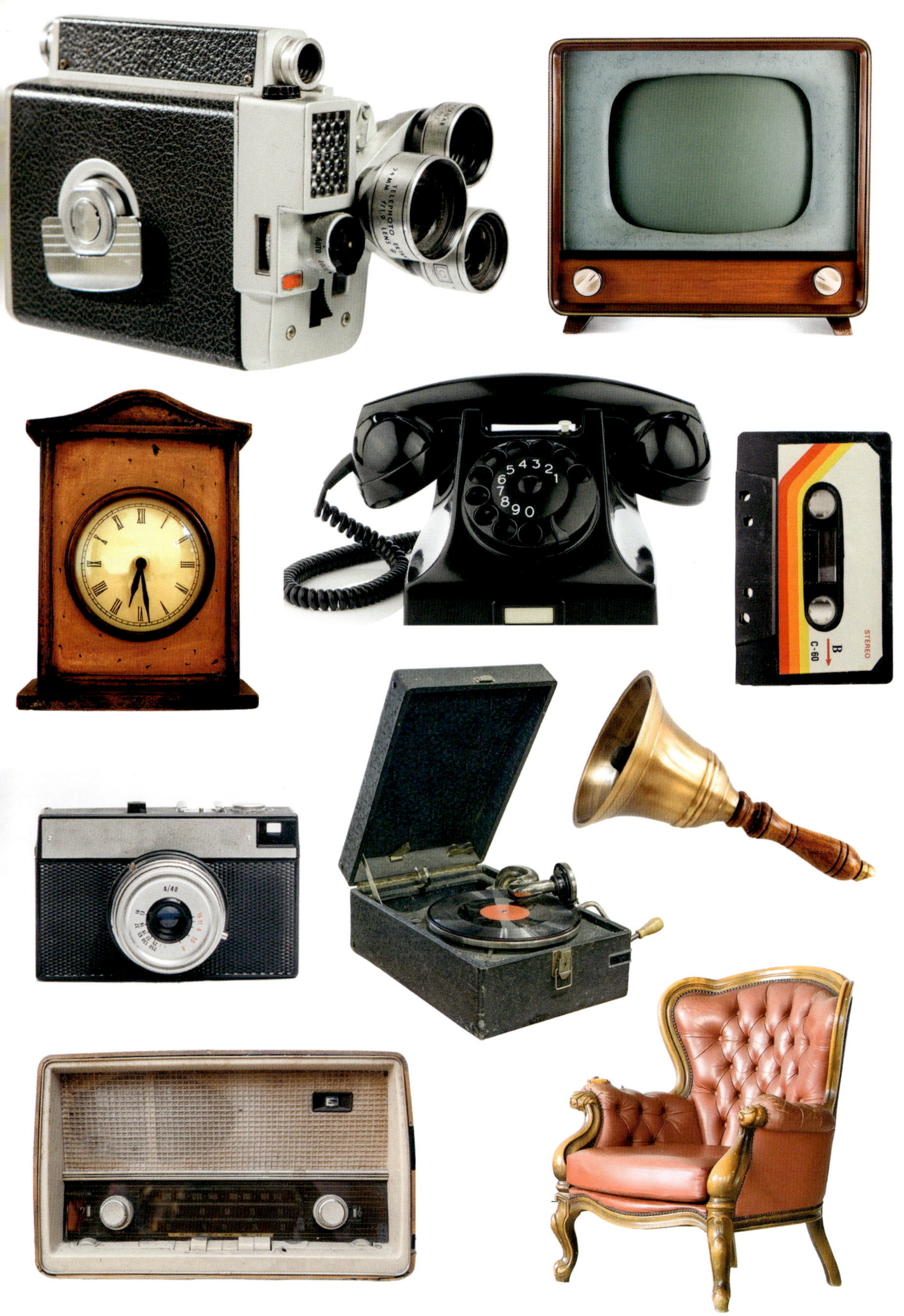
STEREO
B
C-60

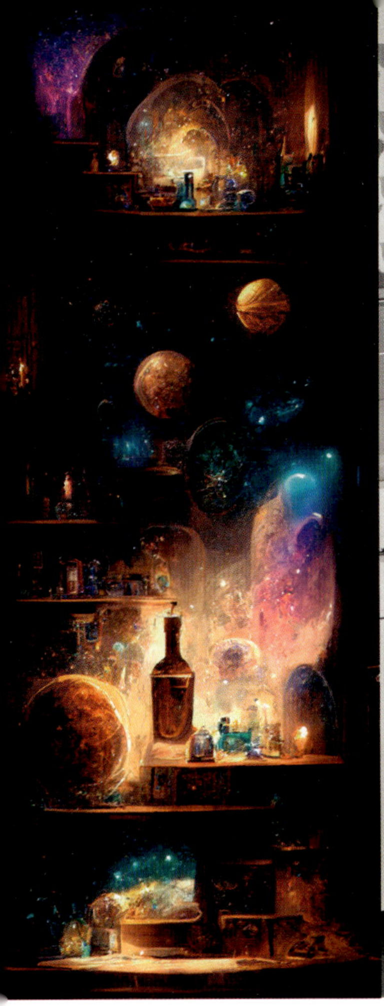

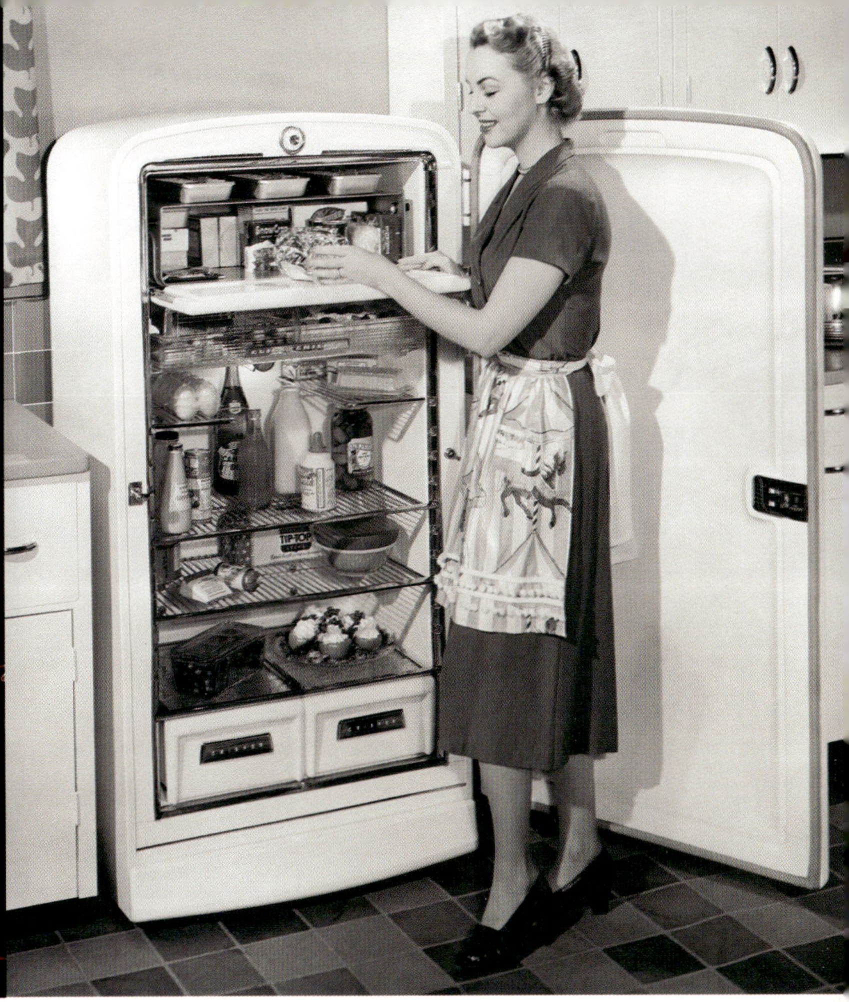

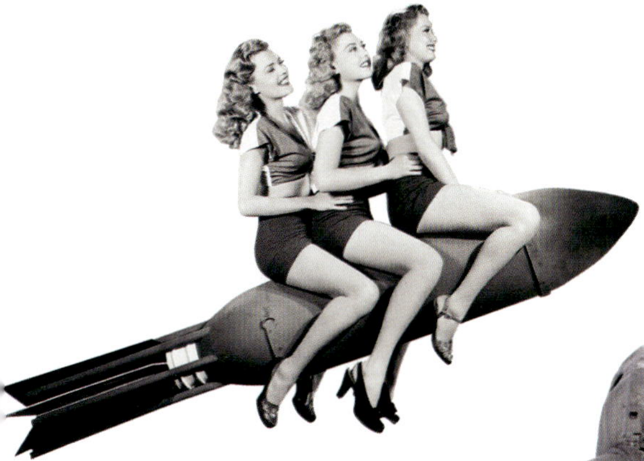

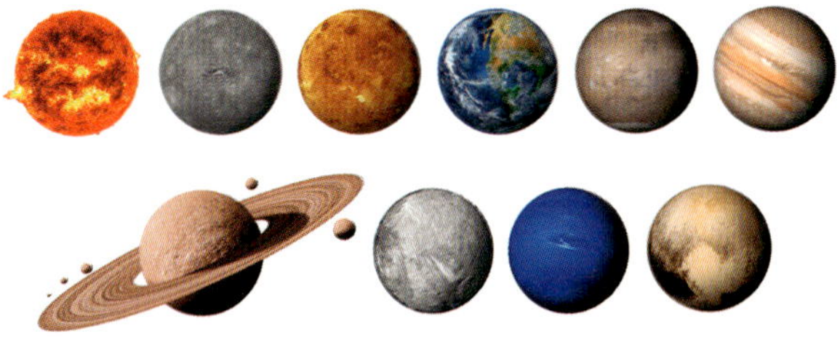

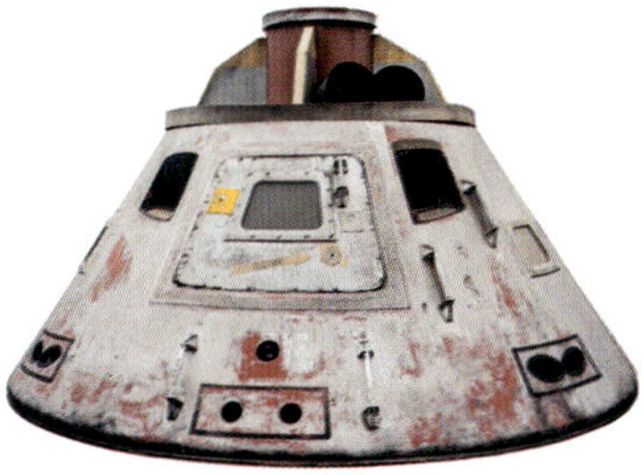

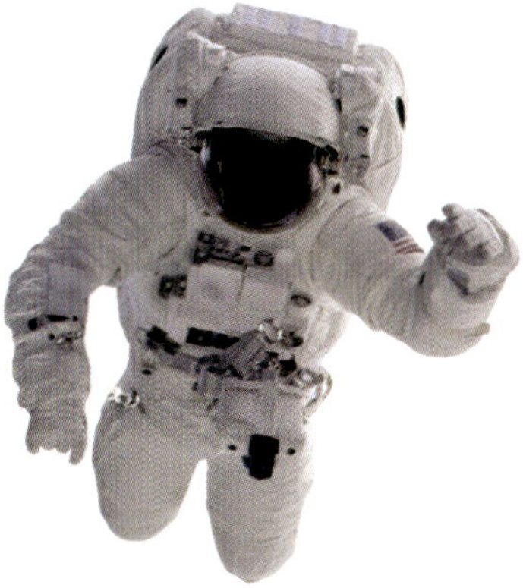

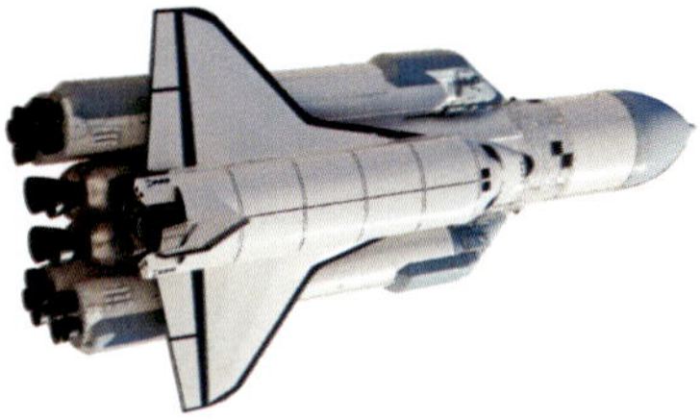

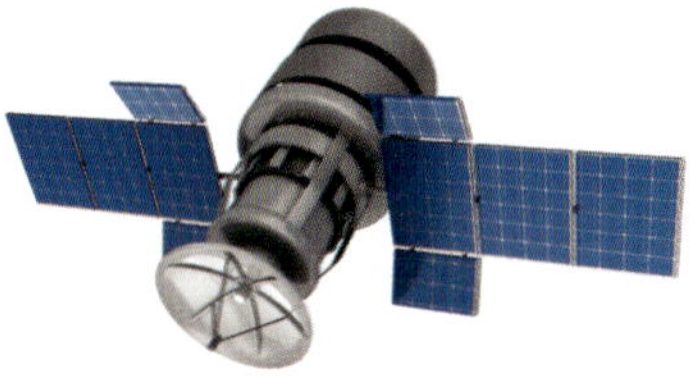

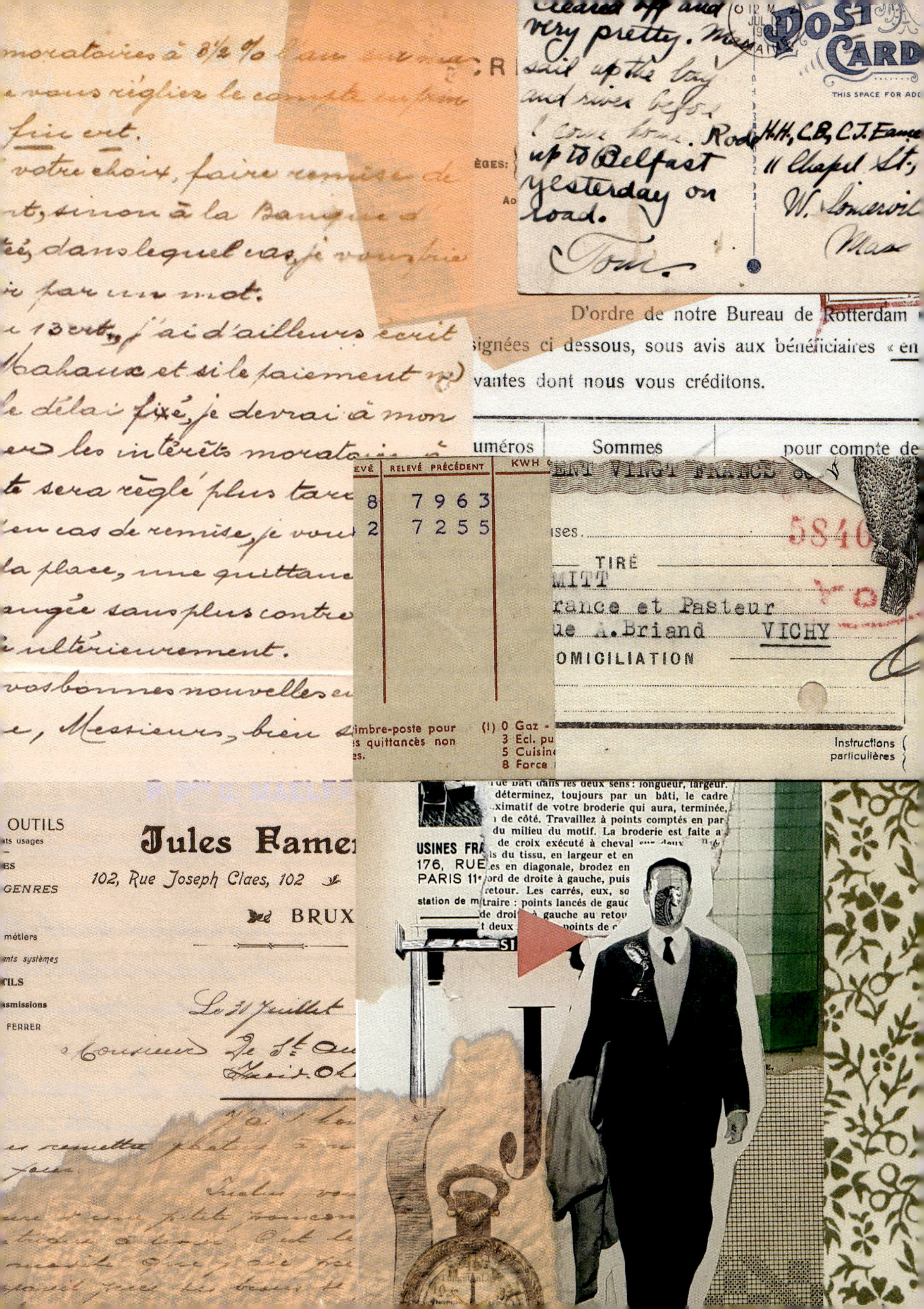

moratoires à 8½ % l'an sur mon

e vous régliez le compte en prin

fin cit.

votre choix, faire remise de

t, sinon à la Banque s

té, dans lequel cas je voudrais

i par un mot.

e 13 cet, j'ai d'ailleurs écrit

Mahaux et si le paiement m)

le délai fixé, je devrai à mon

er les intérêts moratoi

te sera réglé plus tar

en cas de remise, je vou

la place, une quittanc

ngée sans plus contre

i ultérieurement.

vos bonnes nouvelles e

e, Messieurs, bien

very pretty. May

sail up the bay

and river befo

I come home. Rod

up to Belfast

yesterday on

road.

Tom.

H.H, C.B, C.J. Eames

11 Chapel St;

W. Somervil

Mas

D'ordre de notre Bureau de Rotterdam

signées ci dessous, sous avis aux bénéficiaires « en

vantes dont nous vous créditons.

uméros   Sommes   pour compte de

RELEVÉ	RELEVÉ PRÉCÉDENT	KWH
8	7963	
2	7255	

timbre-poste pour
es quittancés non
es.

(1) 0 Gaz -
3 Ecl. pu
5 Cuisine
8 Force

VINGT FRANC

5846

TIRÉ

MITT

rance et Pasteur

ue A. Briand   VICHY

OMICILIATION

Instructions
particulières

OUTILS

Jules Eames

102, Rue Joseph Claes, 102

BRUX

GENRES

métiers

ts systèmes

TILS

asmissions

FERRER

Le 11 Juillet

Monsieur

USINES FRA
176, RUE
PARIS 11
station de m

ue bâti dans les deux sens: longueur, largeur.
déterminez, toujours par un bâti, le cadre
ximatif de votre broderie qui aura, terminée,
de côté. Travaillez à points comptés en par
milieu du motif. La broderie est faite à
de croix exécuté à cheval sur deux
es en diagonale, brodez en
ord de droite à gauche, puis
retour. Les carrés, eux, so
du tissu, en largeur et en
traire : points lancés de gauc
gauche au retou
t deux points de

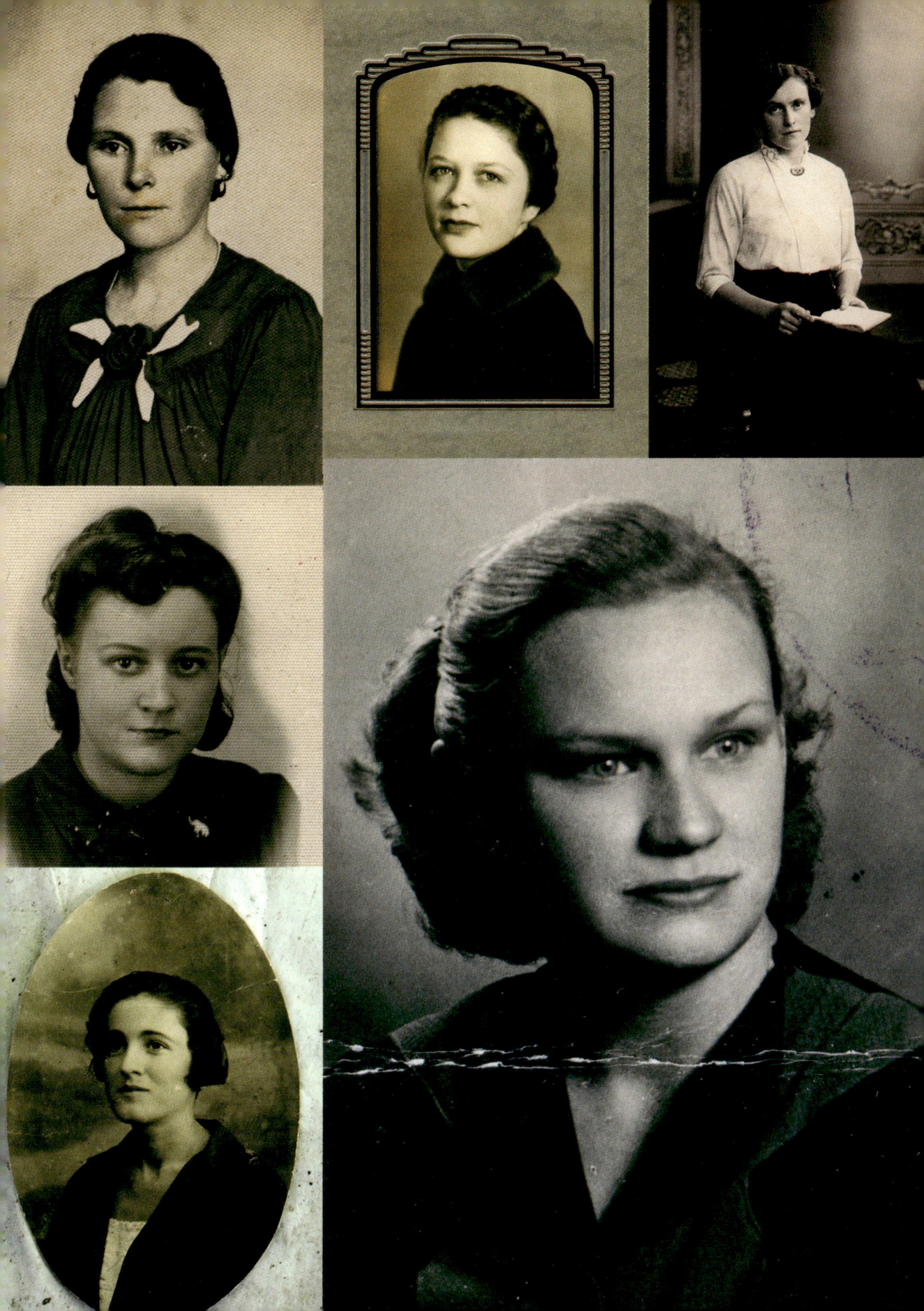

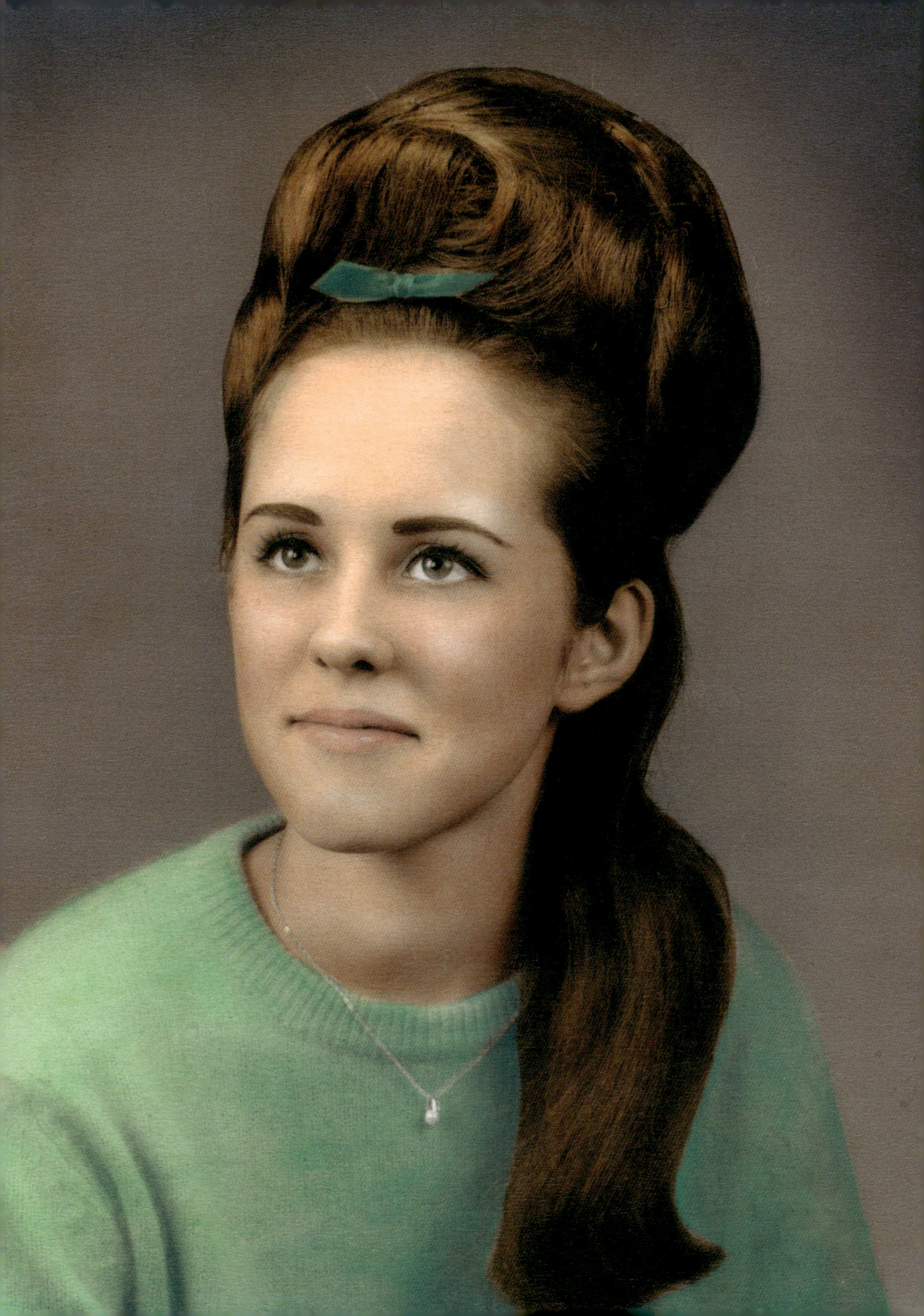

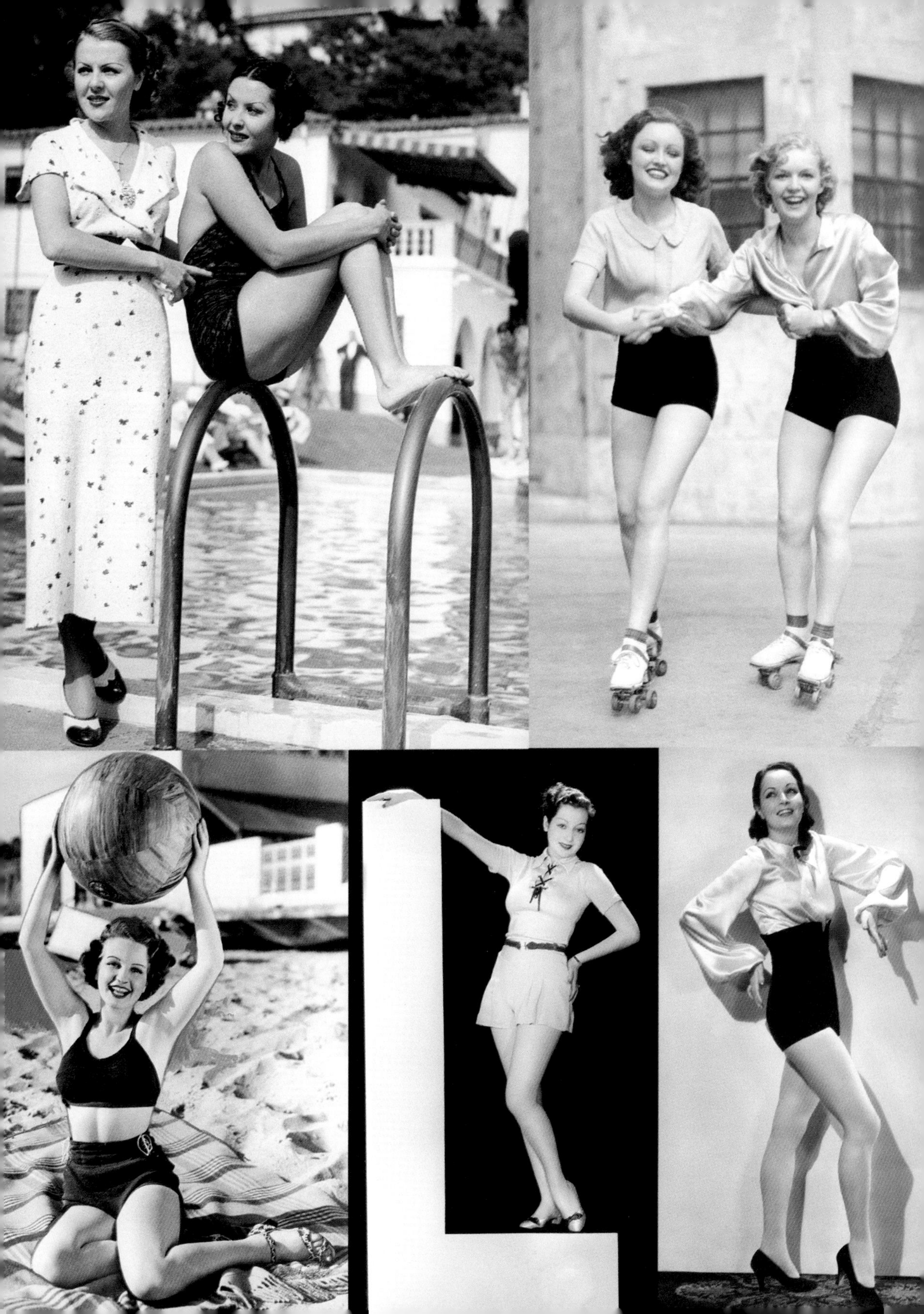

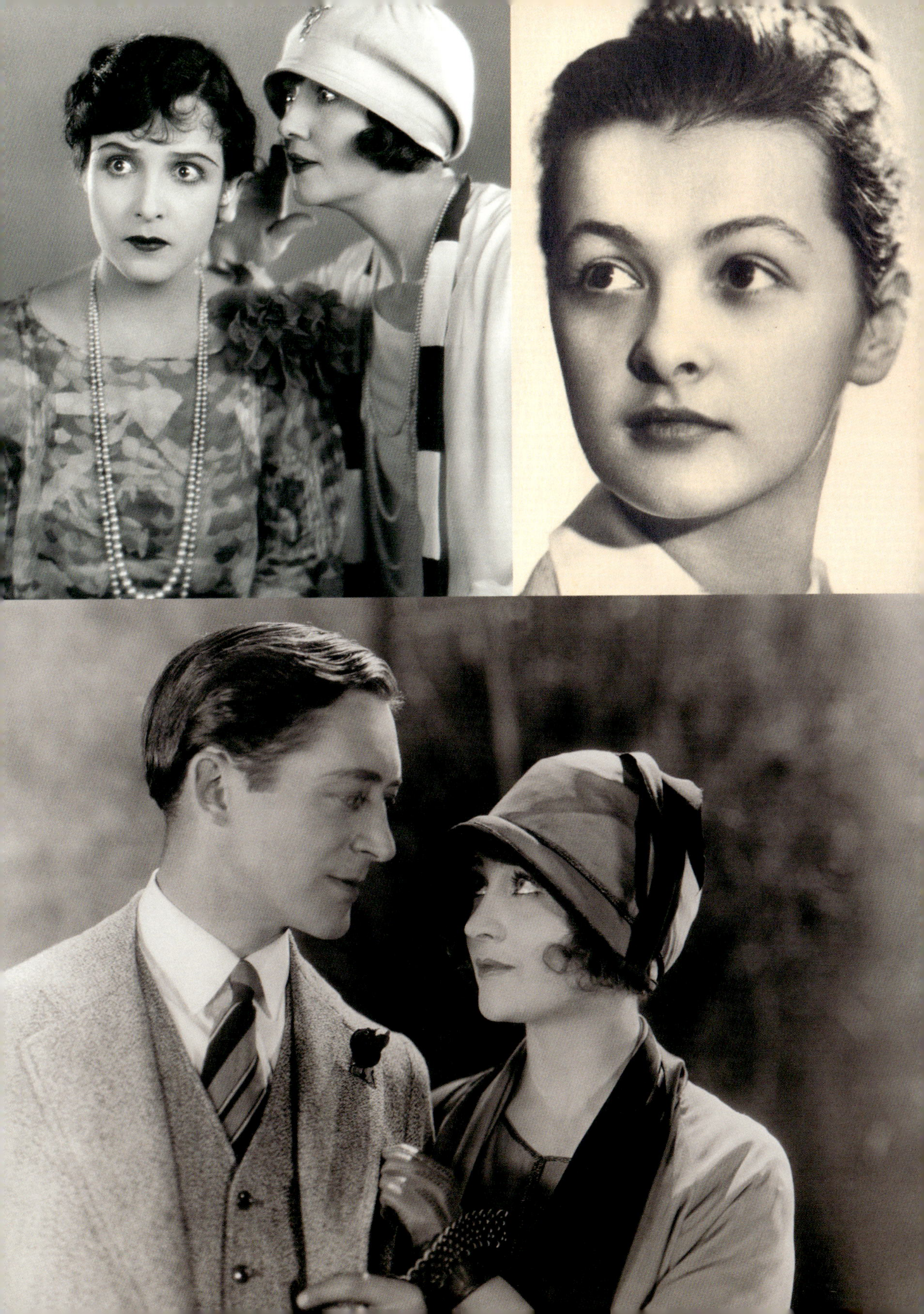

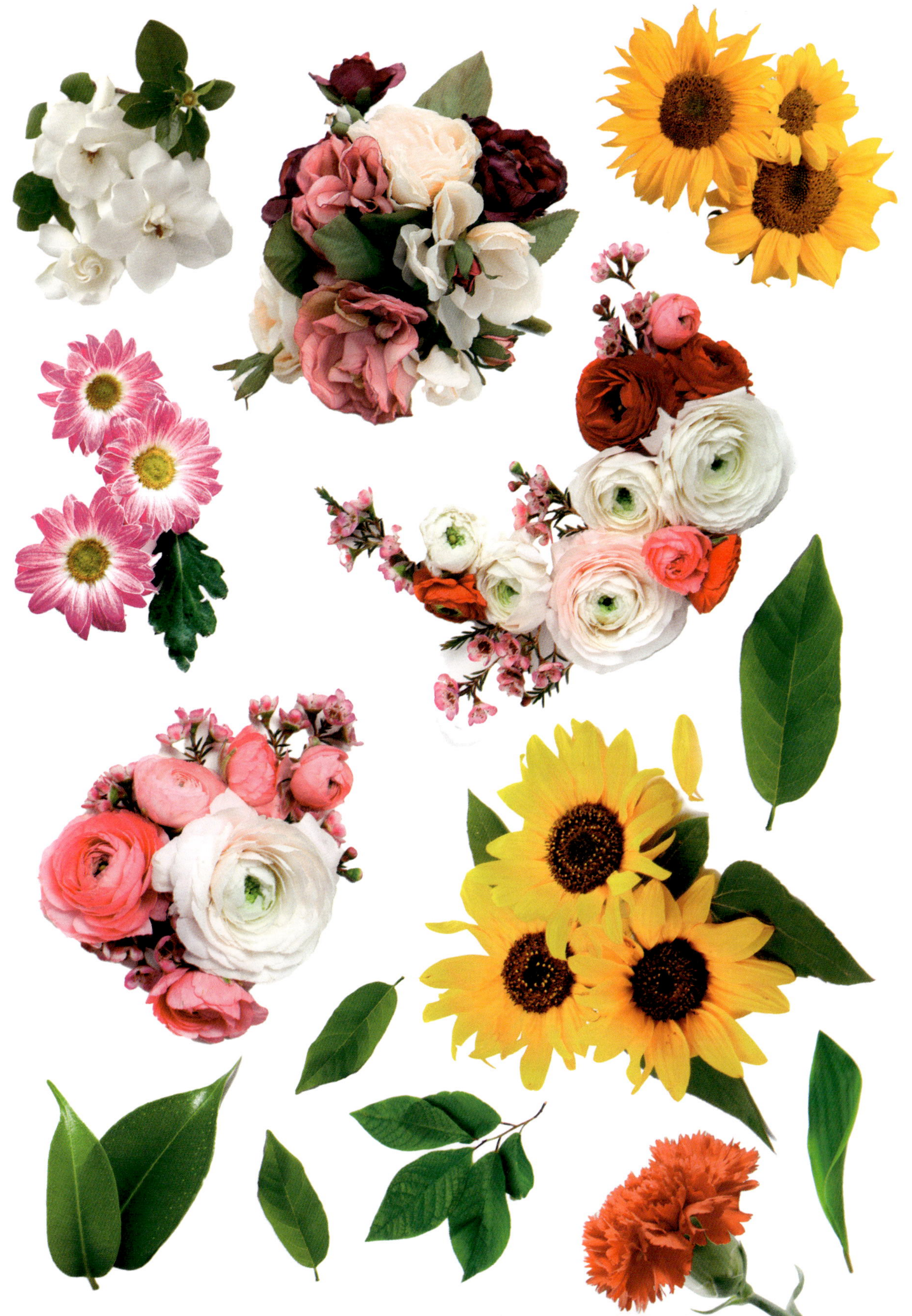

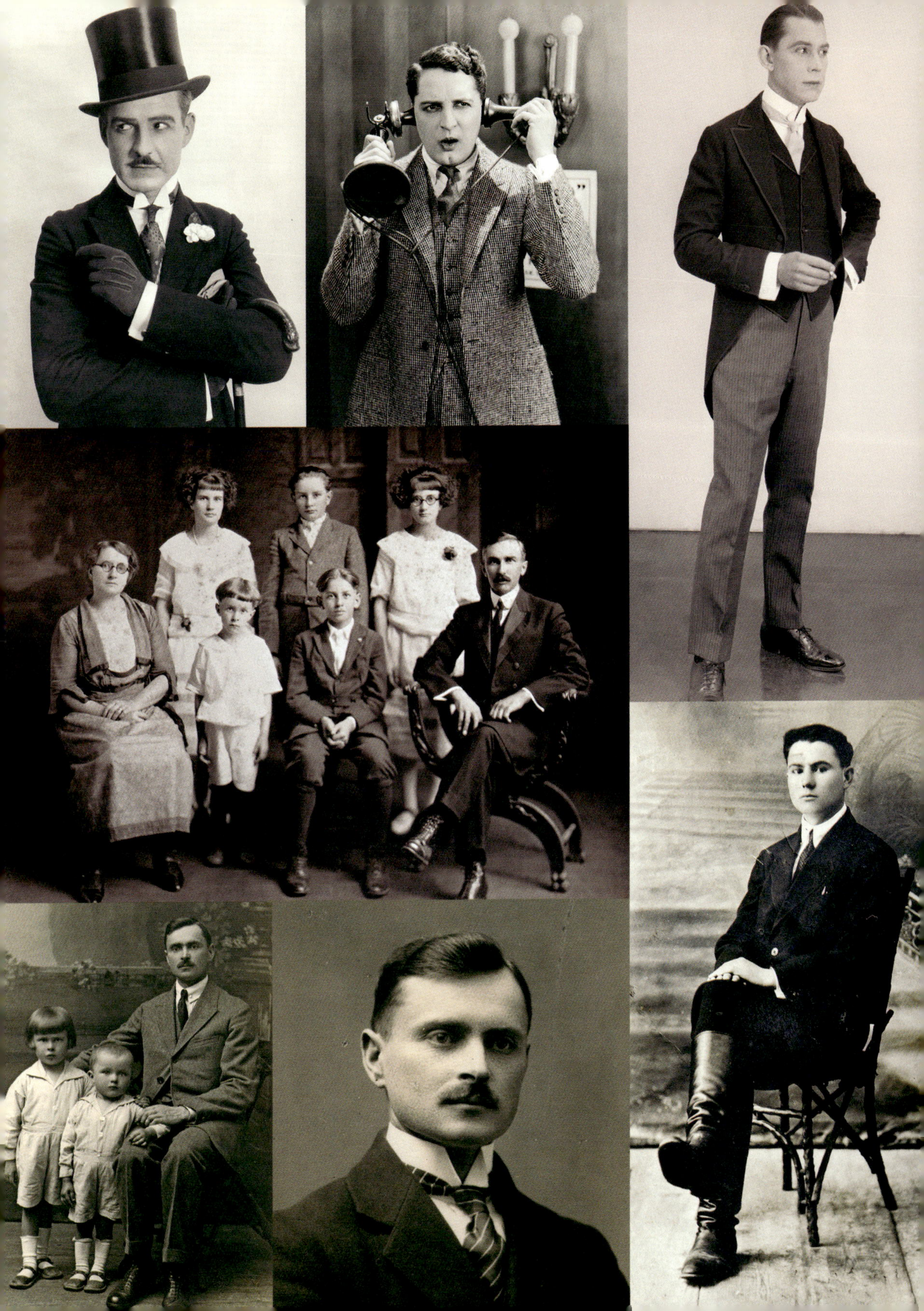

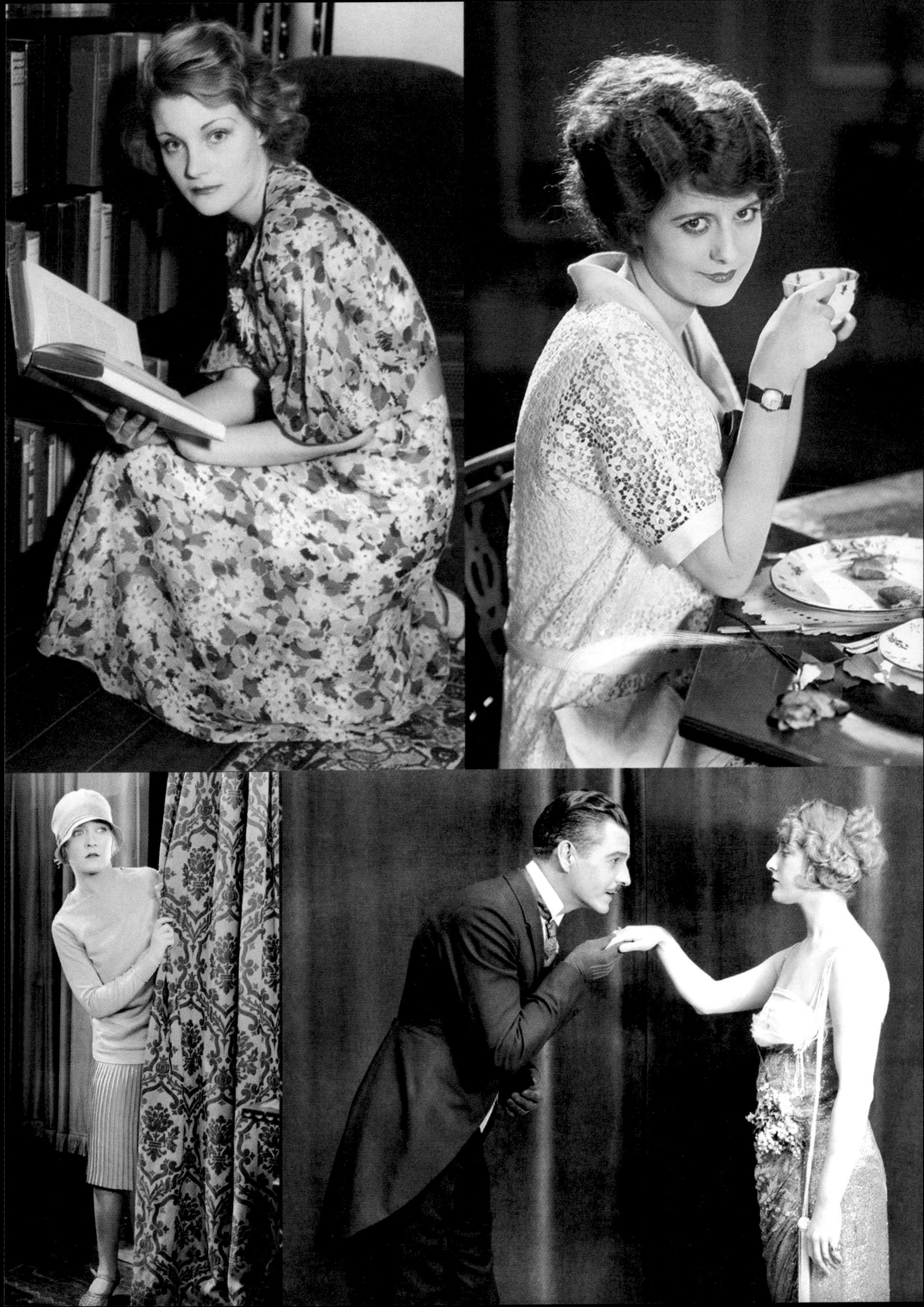

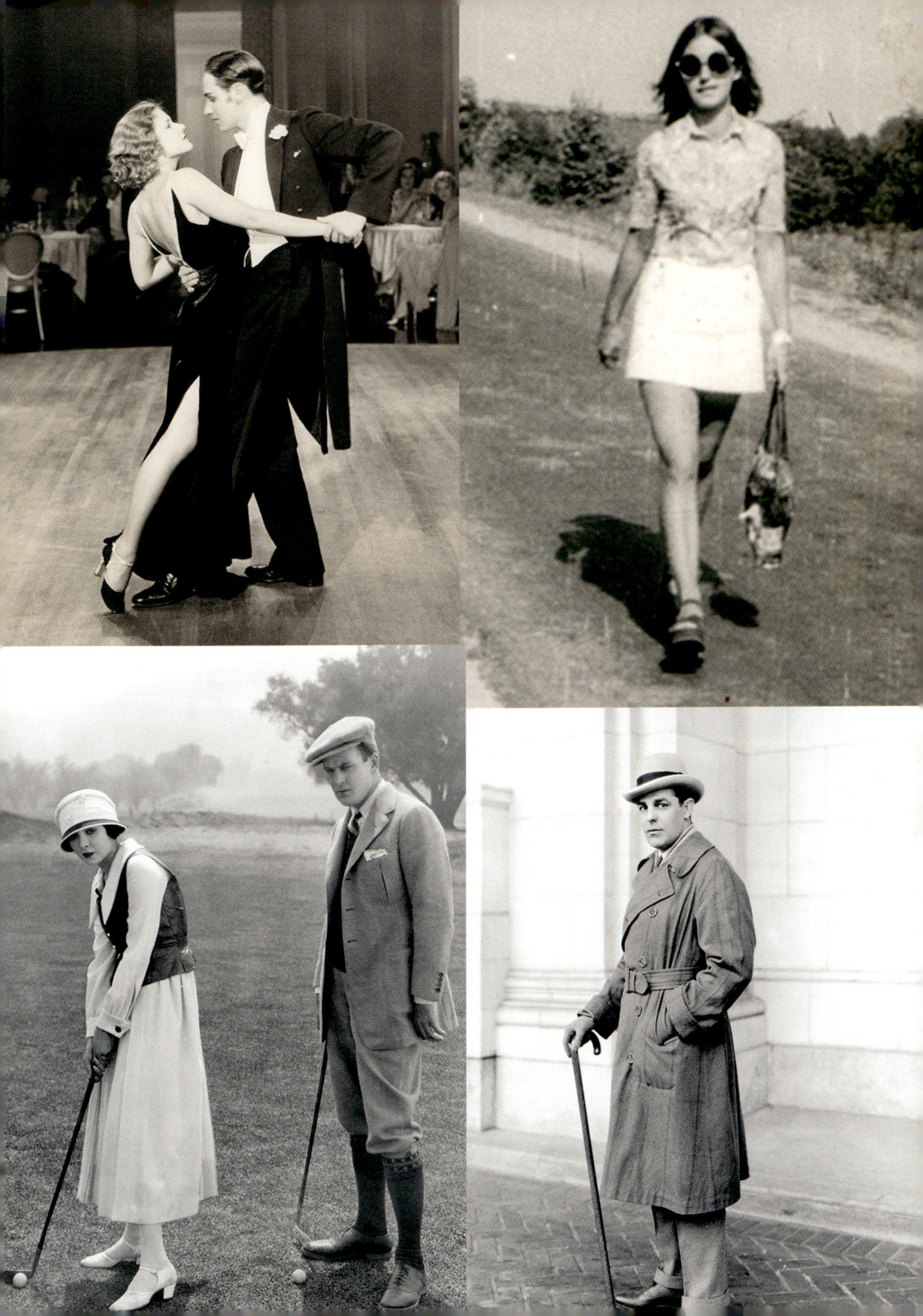

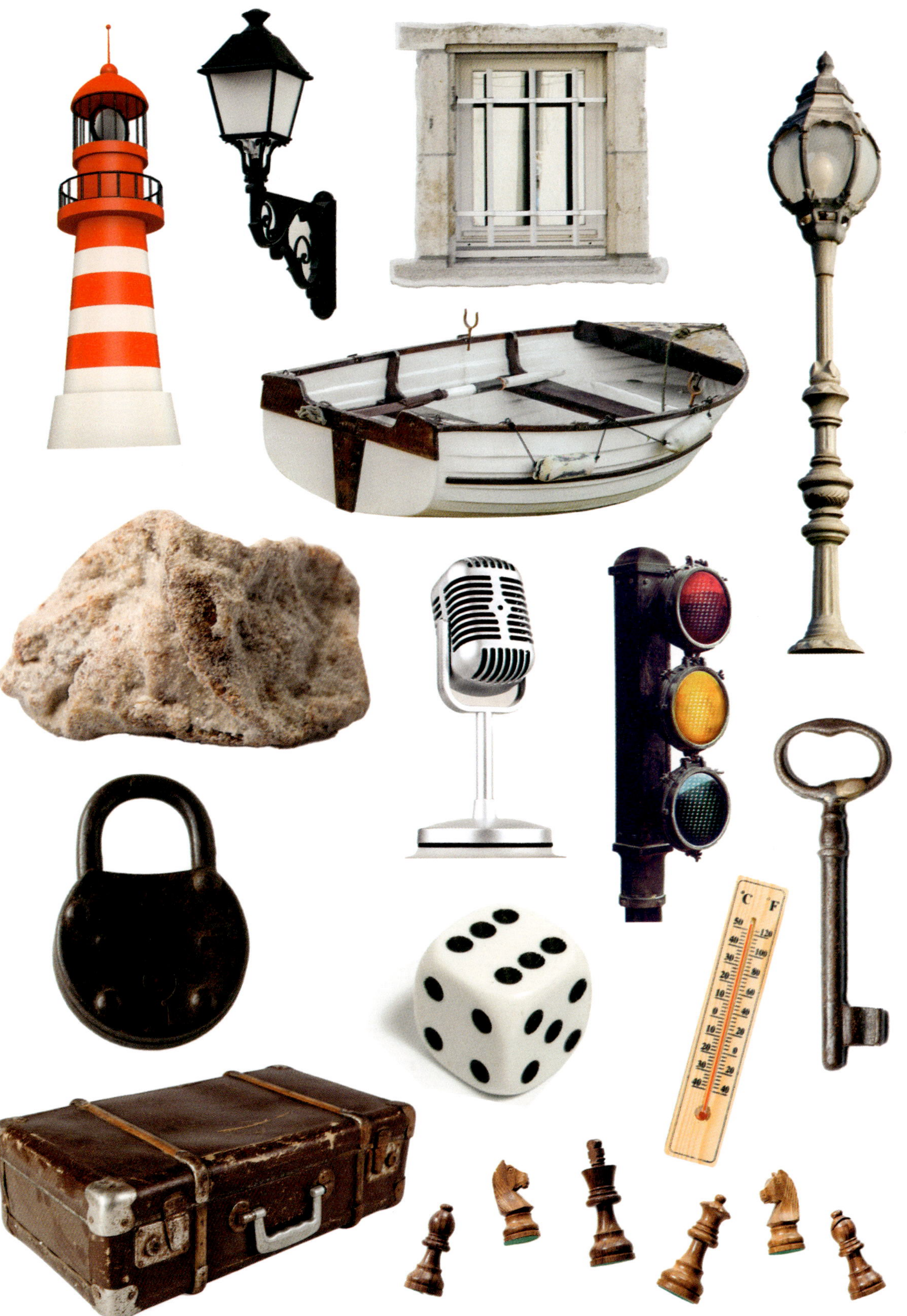

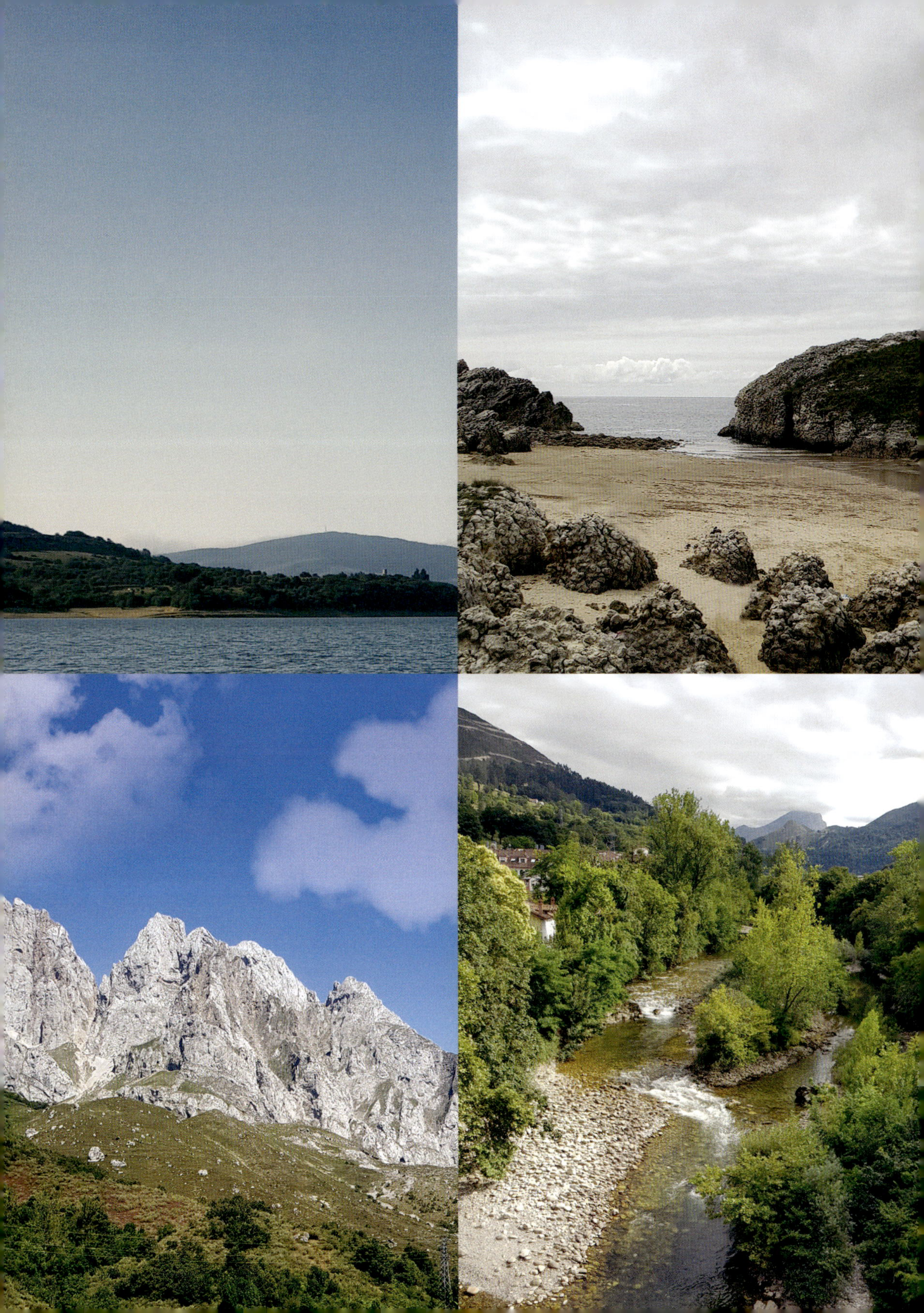

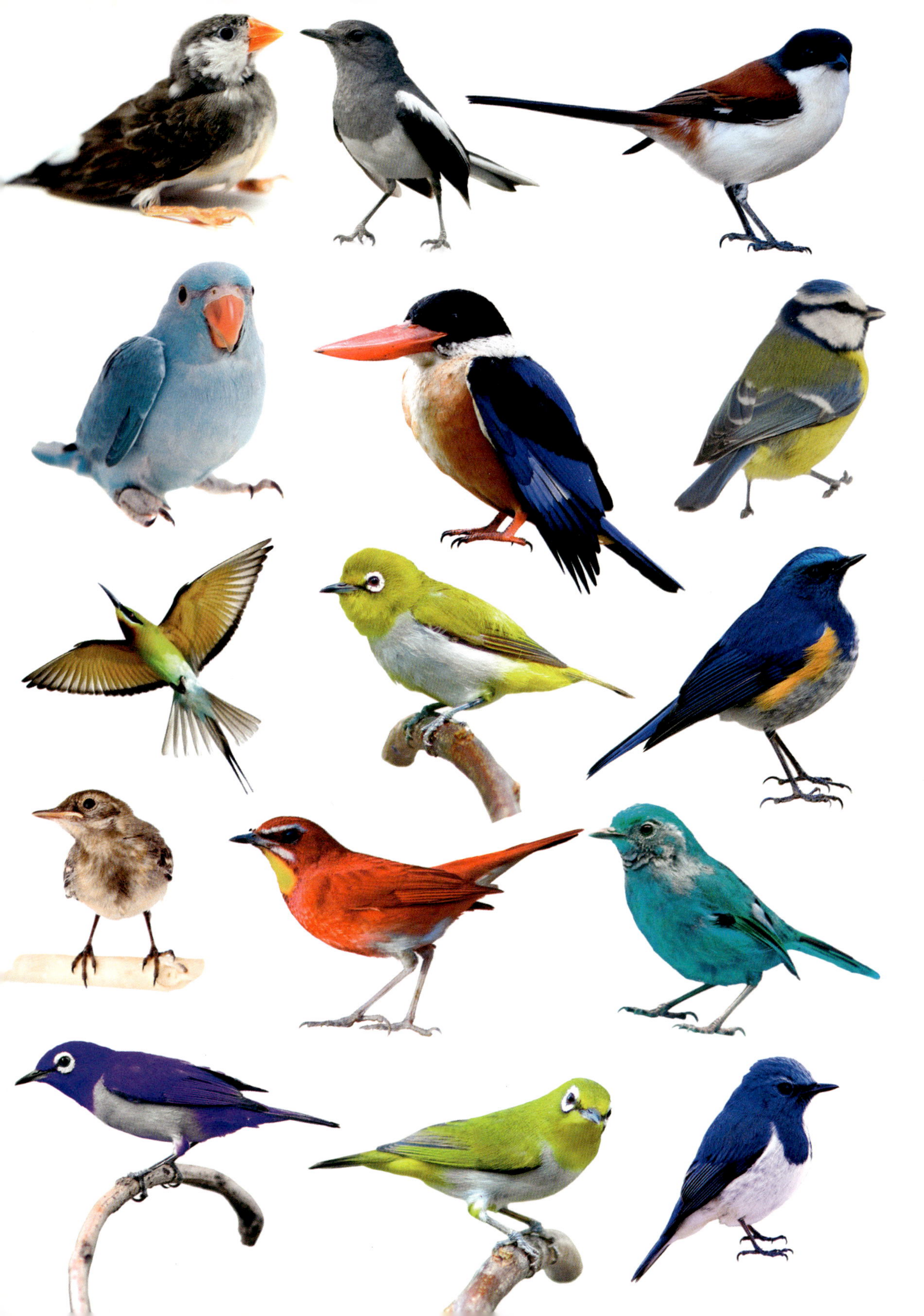

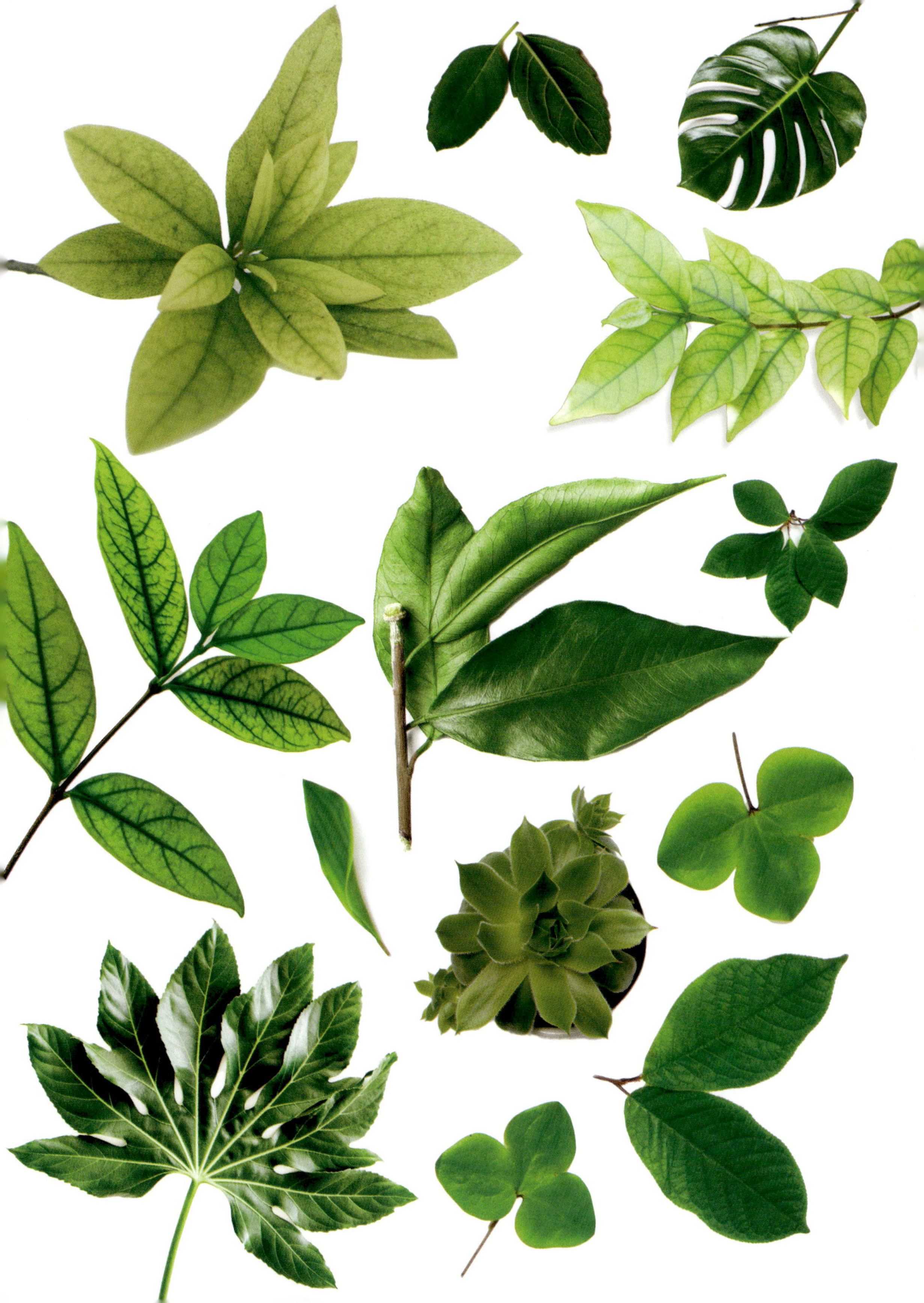

SOCIÉTÉ ANONYME

CAPITAL : FRS. 35 MILLIONS

ADRESSE TELEGRAPHIQUE : CRÉVERSOIS

A.H.   ANVERS, LE   25 Juin 1918.

Banque Populaire de Chatelet.-

CHATELET.

B. P. de CH.
Reçu | Rép.

Messieurs,

D'ordre de notre Bureau de Rotterdam nous vous prions de tenir à la disposition des personnes désignées ci dessous, sous avis aux bénéficiaires « en nous envoyant les duplicata des quittances » les sommes suivantes dont nous vous créditons.

Numéros	Sommes	pour compte de :	Bénéficiaires
12333	Frs. 84.35	Piraux Emile.J.	M.Joseph Piraux -Gillet.- Gerpinnes(Hymiée.)
12406	Frs.112.50	Gramme Honard Joseph.	Mme.Vve.Michaux-Biron Rosalie Sentier St.Blaise.Bouffioulx.

Veuillez agréer, avec nos remerciements anticipés, nos salutations distinguées.

CRÉDIT ANVERSOIS
SOCIÉTÉ ANONYME

Chef de service   Fondé de pouvoirs

26/3. Madame
lui montrer cette
lettre...
Rép: c'est payé...

22 Mars 1915.—

203

Banque Populaire de Châtelet
Société Coopérative.

Châtelet

Messieurs,

Je possède votre honorée lettre du ...,
dont le contenu a mon attention.

La traite de :
frs. 528.25 échue le 15 Septembre dr., due par notre client
mutuel Mr Gustave Mahaux à Bouffioulx, a été négociée
par moi le 10 Juin dr. à la "Banque d'Épargne et de
Crédit" Sté Anme 18. Chaussée de Malines en c/ville et comme elle ne vous a pas été présentée jusqu'ici, il est à croire
qu'elle a été égarée, comme tant d'autres, à cause des
événements qui se sont déroulés ces temps derniers.

Comme vous ne l'ignorez, les intérêts
moratoires sont dûs de la date d'échéance ... au jour
du paiement, même si les traites ne sont pas présentées
au recouvrement.

Maintenant, comme vous ne l'igno-
rez, la Banque Nationale et les autres établissements finan-
ciers avec elle, voulant faciliter la circulation de
l'argent, ont pris la bonne résolution de réduire le
taux d'intérêts à 3½%, pour autant que l'on paie
les arriérés avant fin crt.

Approuvant cette décision, je suis

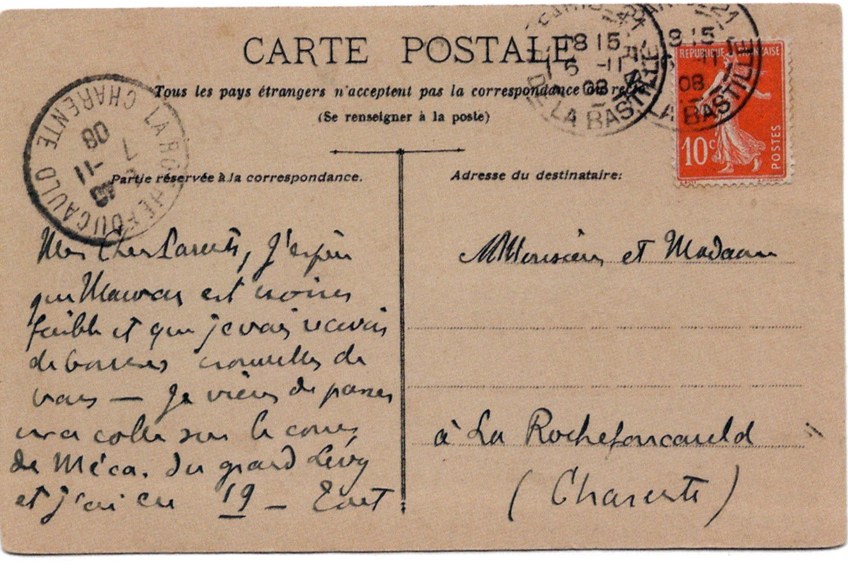
CARTE POSTALE
Tous les pays étrangers n'acceptent pas la correspondance au recto.
(Se renseigner à la poste)
Partie réservée à la correspondance.
Adresse du destinataire:
à La Rochefoucauld
(Charente)

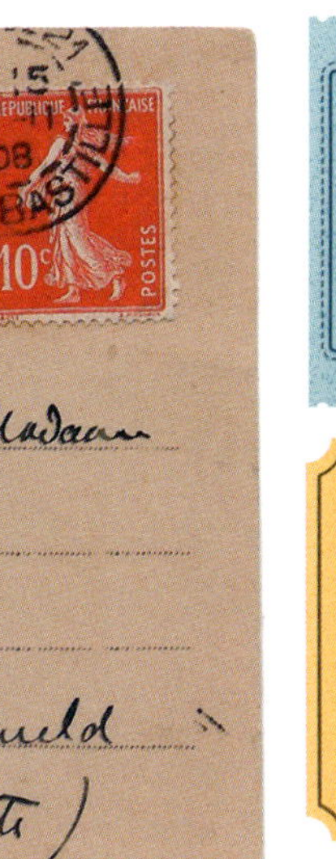
RÉPUBLIQUE FRANÇAISE
10c
POSTES

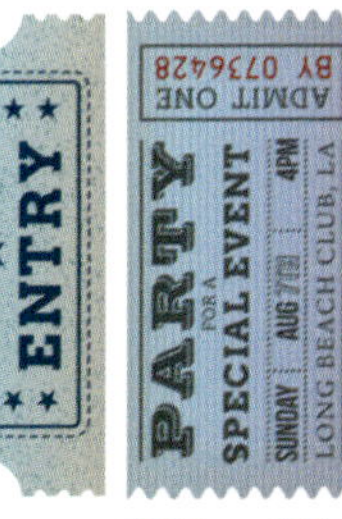
FREE ENTRY
ADMIT ONE BY 073642B
PARTY FOR A SPECIAL EVENT
SUNDAY AUG 7TH 4PM
LONG BEACH CLUB, LA

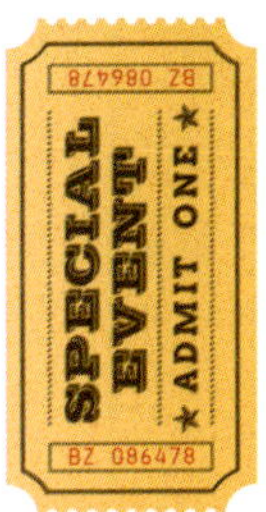
BZ 086478
SPECIAL EVENT ADMIT ONE
BZ 086478

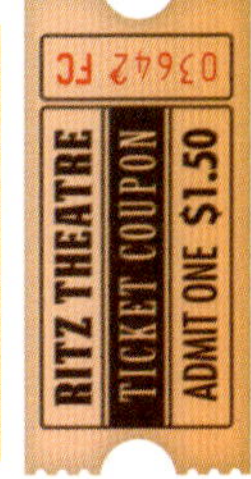
03642 FC
RITZ THEATRE TICKET COUPON
ADMIT ONE $1.50

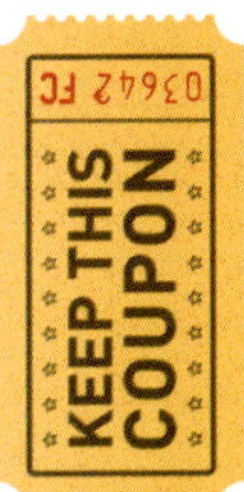
03642 FC
KEEP THIS COUPON

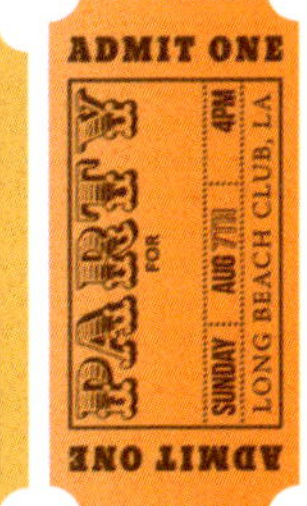
ADMIT ONE
PARTY FOR
SUNDAY AUG 7TH 4PM
LONG BEACH CLUB, LA
ADMIT ONE

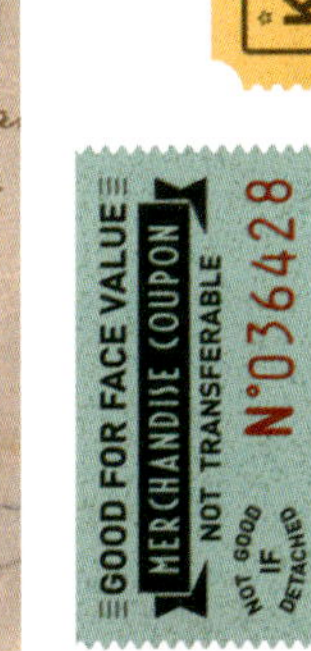
GOOD FOR FACE VALUE
MERCHANDISE COUPON
NOT TRANSFERABLE
NOT GOOD IF DETACHED
N° 036428

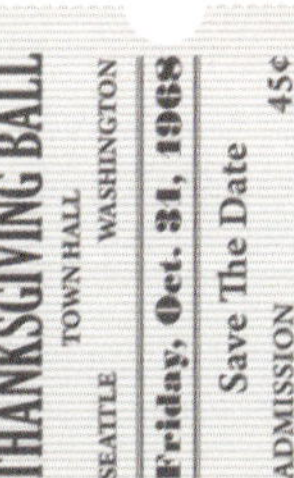
THANKSGIVING BALL
TOWN HALL
SEATTLE   WASHINGTON
Friday, Oct. 31, 1968
Save The Date
45¢
N° 228
ADMISSION

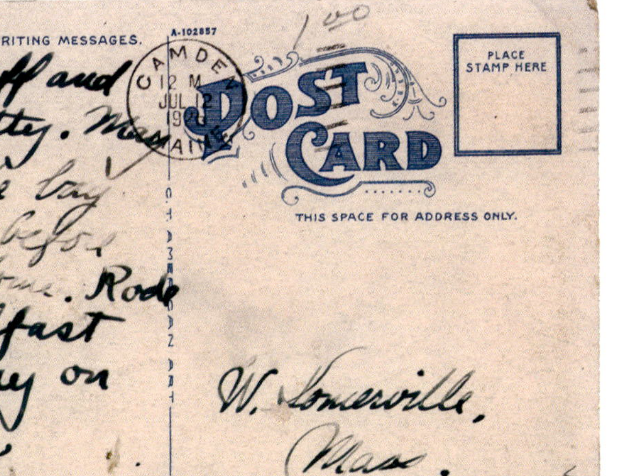
THIS SPACE FOR WRITING MESSAGES.
A-102857
POST CARD
THIS SPACE FOR ADDRESS ONLY.
PLACE STAMP HERE
CAMDEN
JUL 19
W. Somerville,
Mass.

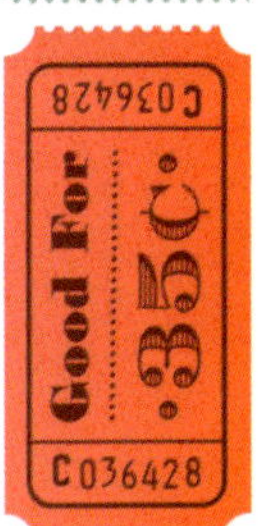
C036428
Good For 35¢
C036428

TICKET
036428
036428

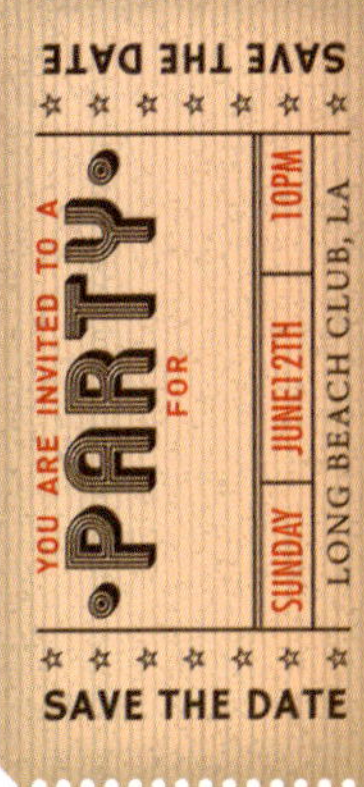
SAVE THE DATE
YOU ARE INVITED TO A PARTY FOR
SUNDAY JUNE 12TH 10PM
LONG BEACH CLUB, LA
SAVE THE DATE
ADMIT ONE
SAVE THE DATE
★ JUNE 12TH ★

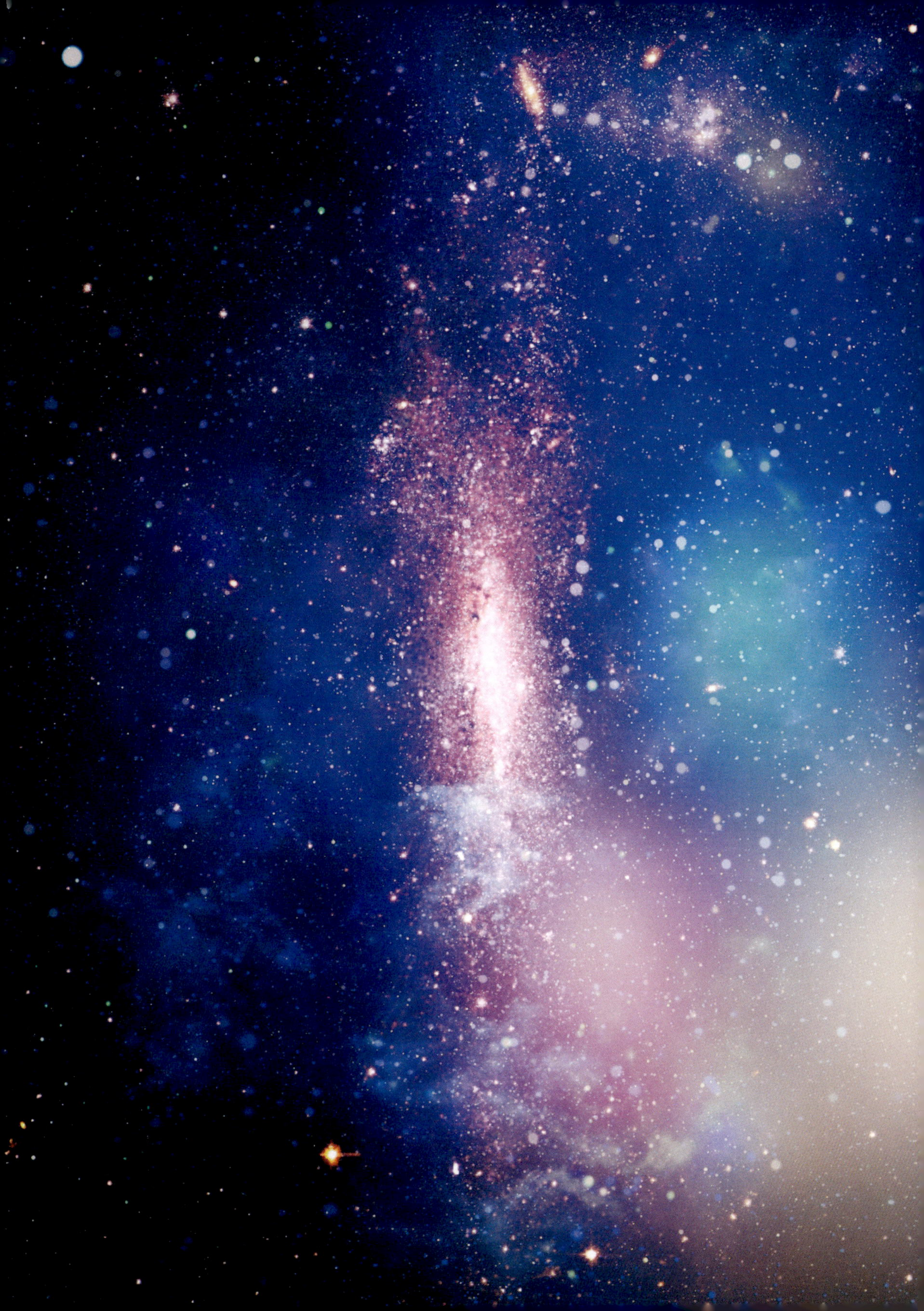

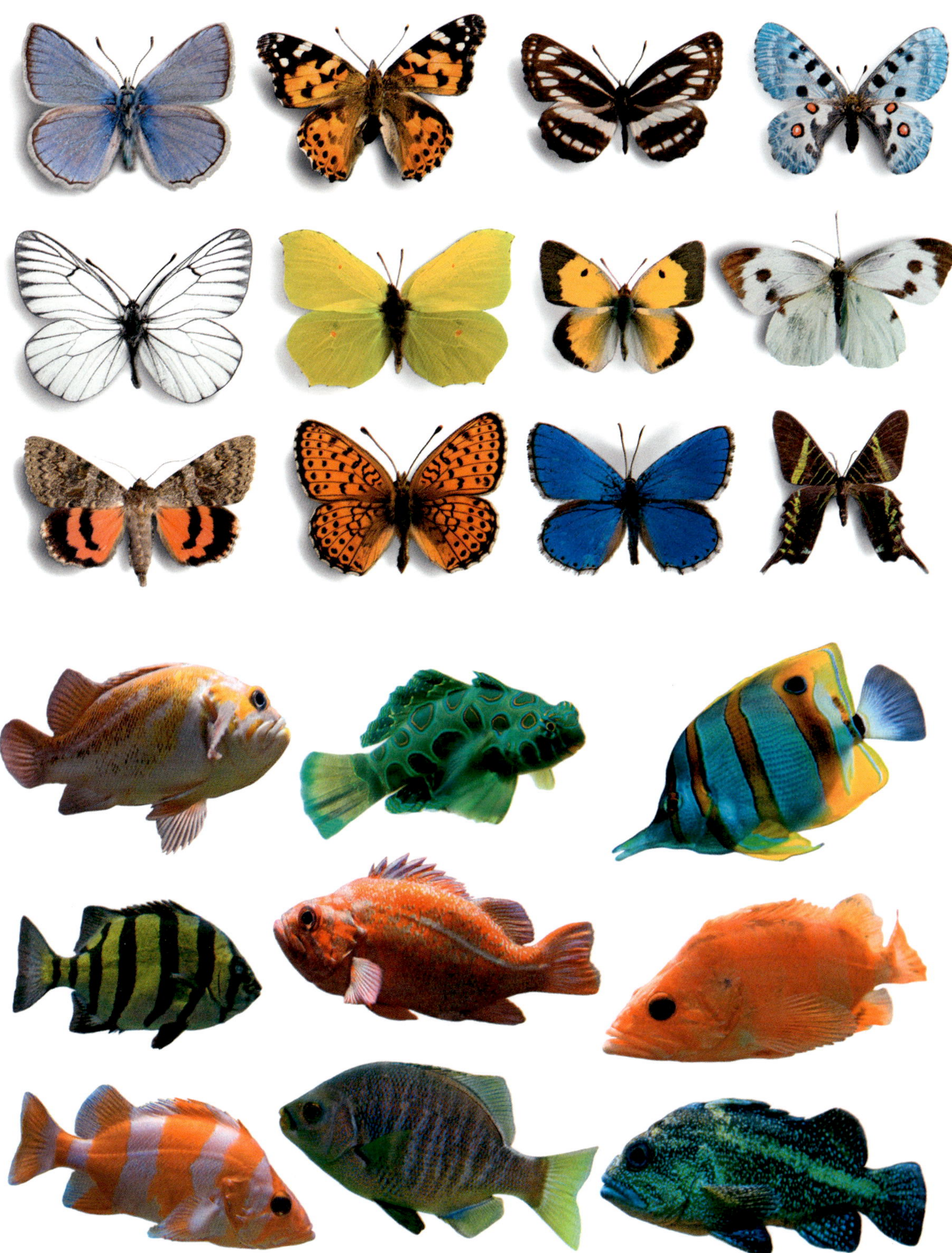

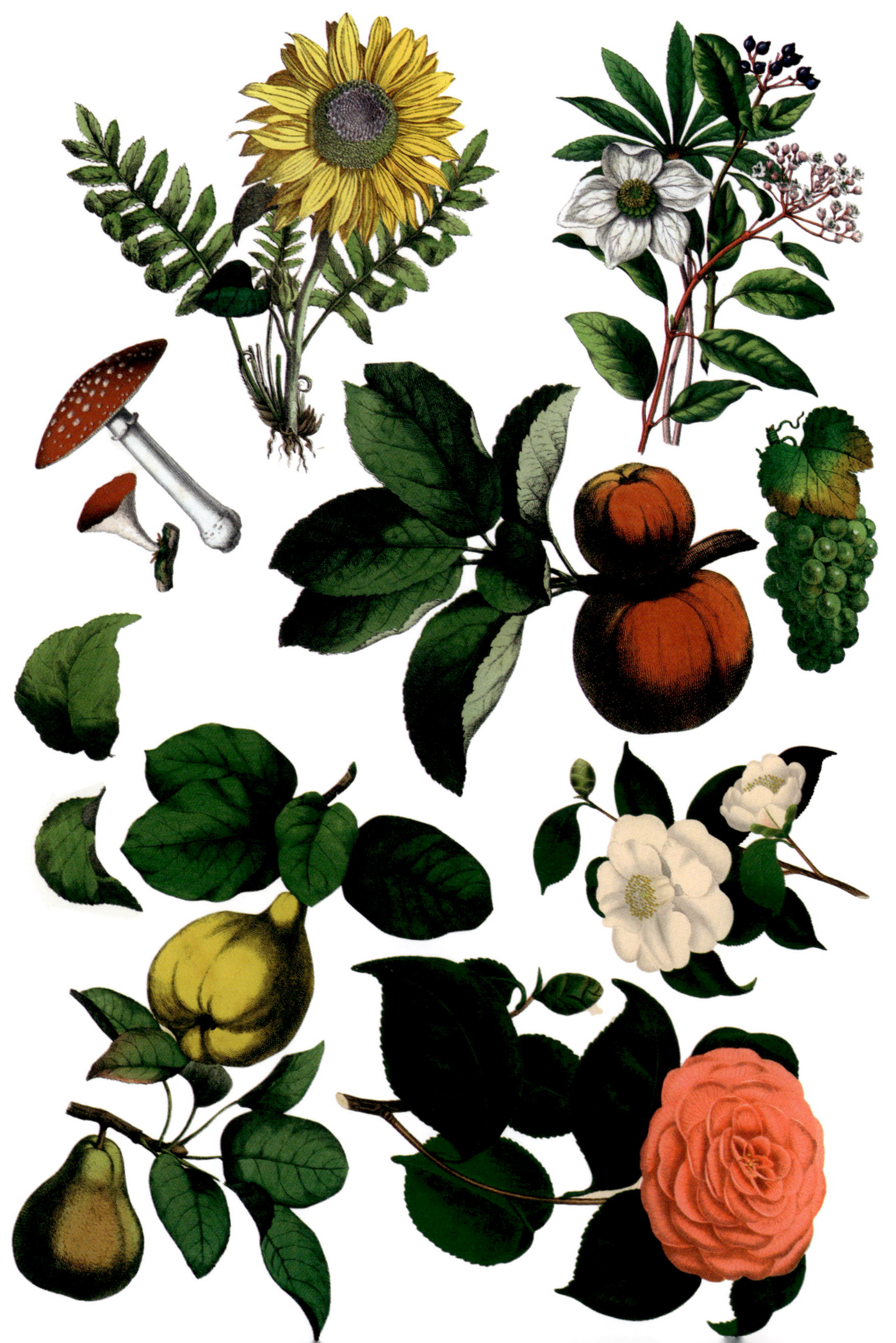

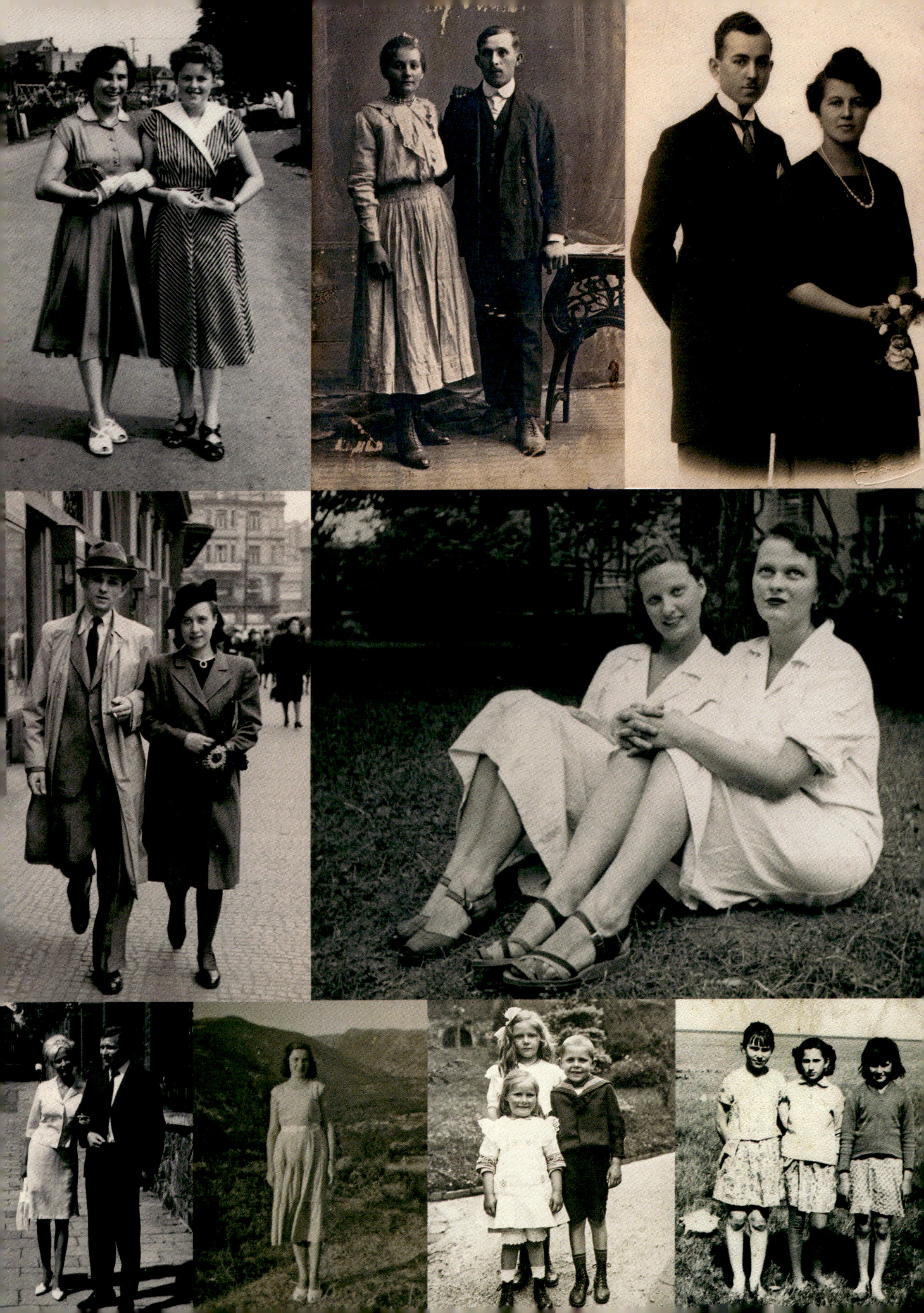

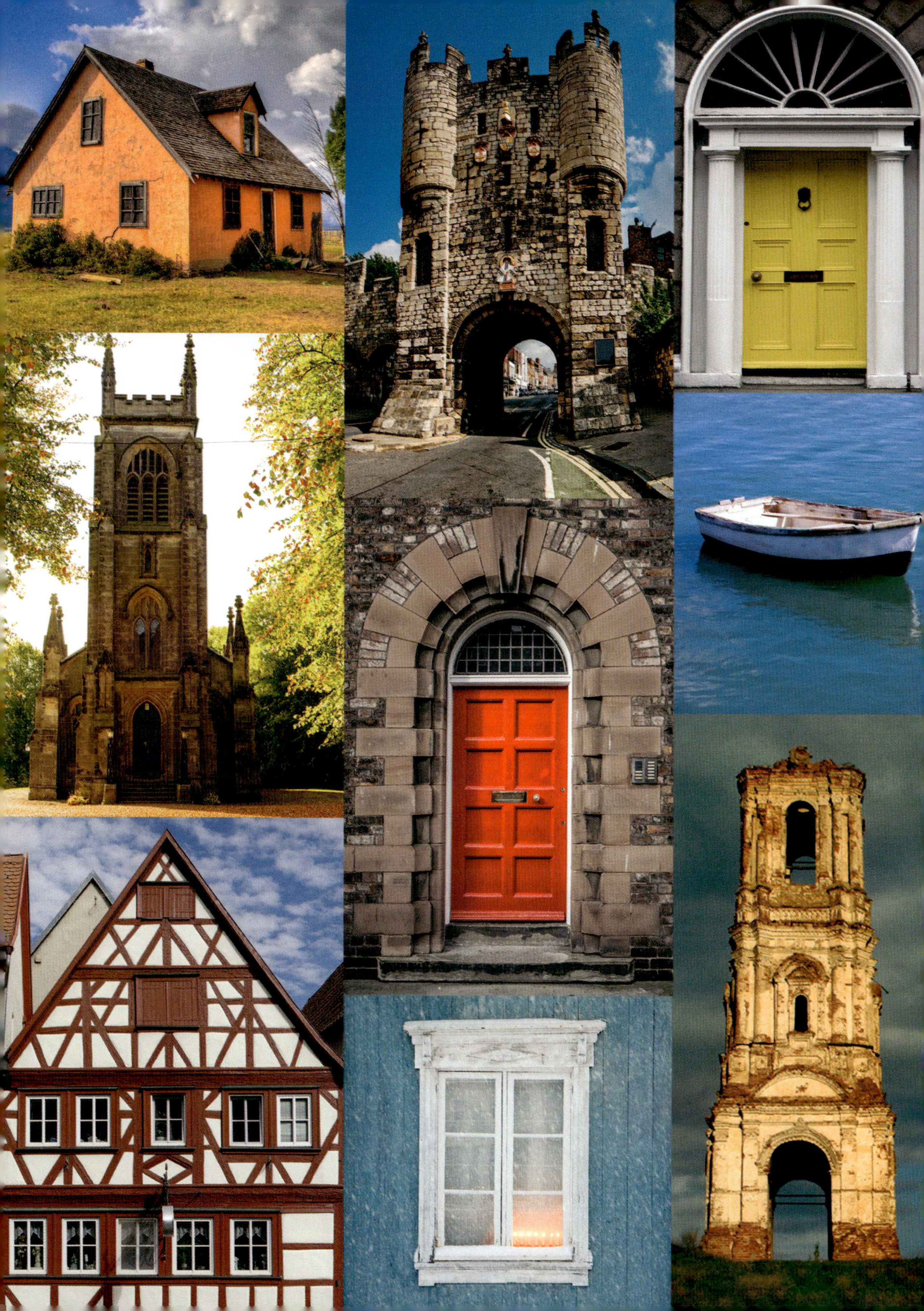

La Française

Société Anonyme de Bonneterie
au Capital de 5.000.000 de Fs.

M⁰ⁿˢ A. VIN & RENÉ BOIVIN
RÉUNIES

Usines:
ROMILLY s/SEINE (Aube)
ANGLURE (Marne)
ROSIÈRES (Somme)

R.C. NOGENT s/Seine 32

BUREAU:
20, Rue des Bourdonnais, PARIS
Teleph Central 68-60

Doit Monsieur

52 Rue

les marc

par GV

à Romilly s/Seine

ROMILLY s/SEINE, le 28/8
TÉLÉPH. 20

Paires

CARTE POSTALE
Tous les pays étrangers n'acceptent pas la correspo
(Se renseigner à la poste)

Partie réservée à la correspondance.

Adresse

50c
3 FRANCS

40c
5

1f

N GA

P

printemps comme

petite commande

agréé Monsieur

50c

1934